2017年度教育部高校师范马克思主义学院和优秀教学科研团队建设项目"思政课教学中大学生法治思维培养路径研究"阶段性成果，项目编号：17JDSZK073。

| 国 | 研 | 文 | 库 |

大学生法治思维养成

洪　萍　颜三忠 —— 著

光明日报出版社

图书在版编目（CIP）数据

大学生法治思维养成 / 洪萍，颜三忠著 . -- 北京：
光明日报出版社，2021.7
ISBN 978 - 7 - 5194 - 6207 - 9

Ⅰ.①大… Ⅱ.①洪… ②颜… Ⅲ.①大学生—法制
教育—研究—中国 Ⅳ.①G641.5

中国版本图书馆 CIP 数据核字（2021）第 150518 号

大学生法治思维养成

DAXUESHENG FAZHI SIWEI YANGCHENG

著　　者：洪　萍　颜三忠

责任编辑：陆希宇　　　　　　　责任校对：云　爽
封面设计：中联华文　　　　　　责任印制：曹　净

出版发行：光明日报出版社
地　　址：北京市西城区永安路 106 号，100050
电　　话：010 - 63169890（咨询），010 - 63131930（邮购）
传　　真：010 - 63131930
网　　址：http://book.gmw.cn
E - mail：luxiyu@gmw.cn
法律顾问：北京德恒律师事务所龚柳方律师

印　　刷：三河市华东印刷有限公司
装　　订：三河市华东印刷有限公司

本书如有破损、缺页、装订错误，请与本社联系调换，电话：010 - 63131930

开　　本：170mm×240mm
字　　数：168 千字　　　　　　印　　张：14.5
版　　次：2021 年 7 月第 1 版　　印　　次：2021 年 7 月第 1 次印刷
书　　号：ISBN 978 - 7 - 5194 - 6207 - 9
定　　价：95.00 元

序

前几天，我接到一个毕业多年、计算机专业的学生的电话。他在一家游戏公司任职，三个月试用期快满了，但单位迟迟不予以转正；甚至有迹象表明，单位还想找借口辞退他且不给任何补偿。他问我应该怎么办。我给了他三条建议：第一，等待三月之期届满，如果单位没有表示辞退的意思，根据一般经验，视为转正，如果这样，皆大欢喜；第二，如果试用期届满，单位要辞退，那就看辞退理由，如果理由不正当、不合理，那就准备劳动仲裁和诉讼；第三，万一需要劳动仲裁或诉讼，那就要搜集相关证据，用事实说话，包括劳动合同、工资流水、加班记录、奖惩记录、考勤记录，甚至与此相关的录音等一切能收集到的用来证明自己提供了合格劳动的证据，用人单位无正当理由辞退的证据。当然，我也建议他想清楚自己能接受单位辞退结果的底线，且做好有理、有利、有节与用人单位据理力争的准备。一句话：解决问题按照讲事实、讲证据、讲法理、讲程序进行。两天后，他完全按照我的建议处理了这件事，单位最终开具离职证明，给予离职补偿且给足加班工资，他对这个结果很满意。

法律风险无处不在，生活中遇到的法律问题比比皆是，就看我们如何处理。从教 20 多年来，我越来越深刻地意识到大学生拥有成熟的法治思维是多么重要，它对未来的工作、生活、家庭影响深远。

　　法治思维与其他思维方法不一样，法治思维要求公民学法、用法、尊法、守法，自觉在法律规定的范围内活动。换句话说就是要领会法律的精神，运用法律的原则、适用法律的规定，分析、思考、判断各种社会问题，最后在法律允许的范围内解决问题。法治思维的养成有利于提升公民素养，有利于构建和谐社会。公民素养越高，这个国家的公民法治思维越成熟，国家、社会秩序越稳定；反之，公民素养低，必将严重影响国家、社会秩序的稳定，进而直接影响着国家、社会的发展与进步，影响和谐社会的构建。简言之，公民法治思维的养成百利而无一害，不仅有利于国家、社会的稳定、发展与进步，而且有利于和谐社会的构建，有利于中国特色社会主义制度的构建。

　　高校是我国依法治国的重要阵地，大学生是未来社会主义的建设者与接班人，法治思维的培养是提高当代大学生综合素质的必不可少的一环。大学生不仅要有过硬的专业知识，还要学会理性处理学习、生活、工作中的问题，因此当代大学生培养法治思维，是妥善解决问题的前提与基础。培养与践行大学生法治思维关系到法治国家、法治政府、法治社会建设，关系到依法治国的全面推进，因此党中央非常重视大学生法治思维的养成。习近平在党的十八届四中全会上提出要"深入开展法治宣传教育，把法治教育纳入国民教育体系"；党的十九大之后，习近平更是在不同的场合多次强调法治思维的重要性。因此如何准确把握法治思维的基本含义与特征，正确理解法治思维的基本内容，逐步培养法治思维，提高运用法治思维分析、解决问题的能力是时代赋予当代大学生的历史使命。

但是长期以来，高校非法学专业学生的法治教育没有得到应有的重视。原本分别开设的"思想道德修养"课与"法律基础"课被合并为一门必修课"思想道德修养与法律基础"，教学内容加上绪论，一共八章，有关法律方面的教学内容有三章；到了2018年，新修订的思想品德修养与法律基础教材一共六章内容，法律内容被减缩成一章。这对于任课教师而言，根本无法深入讲解法治思维的内容，更没有时间引导大学生自觉养成法治思维的习惯；对于大学生而言，无法通过课堂学习理解法律的基本体系，领会法律的精神实质，因此法律观念依然淡薄，法律素质依然没有提高，法律信仰依然没有树立，最终法治思维依然难以养成。法治思维养成也离不开司法实践，单纯的理论灌输、简单的法律知识学习无法激发大学生学习兴趣，空洞枯燥的理论讲解无益于学生对法律知识的掌握、法律真谛的理解、法律意识的培养、法律信仰的树立和法律行为习惯的培养。本书的撰写，目的在于延伸、拓展"思想品德修养与法律基础"的法律部分课堂教学内容，减轻任课教师的授课压力，帮助大学生养成法治思维。

本书是在吸收我国当前理论界关于法治思维研究最新成果的基础上，基于提升思政课教学实效，实现思政课立德树人使命的现实需要，采用案例分析、文献研究、实证分析、比较研究等多种研究方法，结合思政课教师课堂教学的需要撰写的，主要有以下特点。

一是与通常过于注重介绍法律知识的著作不同，本书更注重大学生法治思维培养。本书通过一个个鲜活的案例，使大学生群体在潜移默化中接受、提高法治观念，强化法治思维养成，依法增强维权意识，强化法律义务担当，增强规则意识、宪法法律至上意识、权力制约思维、公平正义思维、权利保障思维、正当程序思维、国际法治思维。

从孙杨暴力抗检事件到于汉超涂改车牌案，反映出规则思维缺失带来的沉重代价；从温州农民包郑照诉苍南县人民政府案，到乔占祥、郝劲松先后状告铁道部维权案，折射出依法维权的重要性。

二是选取的案例与大学生学习、生活、工作联系最为紧密。书中所选取的案例是大学生每天都有可能遇见的法律问题。如婚姻家庭中的离婚问题、购物商场保安搜身检查、快递代签收问题等。选取的案例贴近大学生日常学习、生活，具有强烈的可参照性，能够有效帮助大学生解决学习、生活、工作中的实际问题。

三是采用程序推进的方式阐述法治思维的运行过程，展示以法治思维方式解决问题的模板。法治思维方面的问题专业性强，以往纯理论的著作艰深、枯燥，不适合非法学专业学生阅读。本书将常用的法律知识与法治思维的运行相结合，通过讲事实、讲证据、讲法律、讲法理等解决问题的程序层层演进，通过润物无声、和风细雨、潜移默化的方式提高大学生的法治意识与法治思维，坚定其法律信仰。

四是语言通俗易懂，深入浅出，适合所有具备一定阅读能力的人群。本书内容采用贴近大学生学习、生活的司法判例与法律事件，采用通俗易懂、深入浅出的写作手法，以法治思维的内涵与基本要求为中心展开。摒弃居高临下的说教，采用大学生最常见的方式，如看、读、听、想等方式培养大学生法治思维，具有极强的说服力与可实现性。

本书是2017年度教育部高校示范马克思主义学院和优秀教学科研团队建设项目"思政课教学中大学生法治思维培养路径研究"（编号17JDSZK073）成果。

在本书的写作过程中，作者参考和借鉴了近年来思政领域与法学领域理论研究成果，还有最高人民法院、最高人民检察院、其他地方法院的相关资料，包括论文、专著、教科书、教学辅导资料、网络资料、判决书等。在此谨向各位作者与各位研究者表示真挚的感谢。由于个人水平有限，本书可能存在缺点与错误，敬请各位专家、学者批评指正。

目 录
CONTENTS

第一章

法治与法治思维

为了方便管理，不少高校的学生宿舍一般以年级为单位，分为男生宿舍楼和女生宿舍楼，因此有时候，女生宿舍楼紧挨着男生宿舍楼。武汉某高校3号女生宿舍楼就存在这个问题。最近一段时间，这栋楼低楼层的女生行为格外谨慎，尤其是一楼113宿舍。她们发现有人在对面男生楼四楼安装了一架高倍望远镜，自己的一举一动似乎都被这架望远镜尽收眼底。113宿舍的女生感觉自己的生活被干扰，隐私权被侵犯，于是与对方交涉，希望对方把望远镜收起来。男生辩称自己没有偷看女生，怎么放望远镜是自己的自由，任何人没有权利干涉。如何让男生收起望远镜成为113宿舍女生面临的迫切问题。

在协商无果的情况下，解决该问题的方法一般有三个：一是告诉老师实情，请老师出面协调解决；二是自己想办法，例如花钱加厚窗帘、任何时候不拉开窗帘等；三是诉诸法律，寻求法律的手段维权。

第一种方法显然比较过时，不可能总是依赖老师解决问题；第二种方法更不可取，委屈自己，还不能彻底解决问题；第三种方法无疑是最好的方法，高效、快速、彻底，问题在于要有一定的法律知识，懂得法律维权的方法。如果她们能在第一时间想到第三种办法，无疑反映了她们的法律意识比较强烈，有独立的法治思维。

法治思维是什么？为什么需要培养大学生法治思维？如何培养大学生的法治思维？回答这些问题之前，我们先看看法律、法治、法治思维的内涵以及彼此之间的关系。

一、法律

法律是一种社会规范，有明确的权利与义务规定；法律还是一种调整社会关系的手段。与一般社会规范不同，国家不仅制定或认可法律，还用强制力保证法律的实施，如果有人挑战法律的红线，突破法律的底线，将会受到法律的惩罚。因此法律不仅仅是统治阶级意志的集中体现，也是国家的统治工具，对维护国家、社会秩序的稳定起着重要的作用。

（一）法律的产生与发展

早期人类社会没有法律，调整社会关系的只有禁忌、习俗、图腾和巫术。由于生产力低下，科学知识欠缺，人类的祖先无法解释某些自然现象出现的原因，只能借助鬼神或者不可知的力量。出于对自然界的畏惧，人类社会最早出现的是一些社会禁忌。禁忌一般是指不可侵犯的事物、不可接近的危险或者不洁事物。原始人通过禁忌来规范自己和他人的言行，以及称谓、婚配等，时间一长，接受的人越来越多，禁忌规则逐渐产生。例如，禁止一定范围的血亲结婚；结婚的日子不小心摔碎了杯子，要赶紧说"碎碎平安"，讨个吉利。至今我国社会还有一些数字忌讳。例如，有些 20 多层的高楼没有第 18 层，电梯直接由第 17 层升到第 19 层（实际是第 18 层），因为古代有"十八层地狱"的说法，所以不少买家觉得第 18 层好像到了地狱。

　　还有的国家或民族通过图腾来稳定国家社会秩序。例如，"龙"是中国人的图腾。从龙的外貌、体形来看，它综合了多种动物的外形特征：角似鹿、头似驼、眼似兔、项似蛇、腹似蜃、鳞似鱼、爪似鹰、掌似虎、耳似牛。从龙的天赋、才能来看，其能隐能显，春风时可以登天，秋风时能够潜渊，最重要的是能兴云致雨。中国人历来对土地有着特殊的情感，但是对于普遍欠缺科学文化的中国古人而言，他们"靠天吃饭"，无法准确预测天气，如果遇到旱灾、水灾只能向能呼风唤雨的龙求助了，因此中国人对龙有着迷之崇拜。例如，只有中国历朝历代的皇帝才能使用有"龙"标志的物品，诸如龙袍、龙椅等。如果有人私藏龙袍、龙椅，根据当时法律规定，属于"谋逆"，是十恶不赦的罪行。

　　在没有明确规则的早期人类社会，人们的权利被侵犯后一般只能通过复仇来维权。复仇是人的一种本能，是为了生存而自动激发出来的抵抗外来侵害的自卫能力。但是当个人能力不足以复仇时，人们通常需要借助外来的力量以达到复仇的目的，巫术就是其中一种。巫术是一种依靠自然力或借助鬼神的帮助实现报复目的的方法。例如，招魂、诅咒、驱鬼、辟邪等，现在不少网络流行小说中描写的"扎小人""巫蛊"等也是典型的巫术。

　　中国的法律从无到有经历了从习惯法（不成文法）到成文法的发展过程。阶级社会出现以前的原始社会，一般依靠习惯调整人与人之间的关系；进入阶级社会后，统治阶级根据自己的需要，利用手中的特权制定法律。最初统治阶级认为"刑不可知，则威不可测"，制定的法律不予公布；后来发现将法律公而告之，威慑作用更好，因此从春秋战国时期开始"铸刑鼎""编刑书"，法律逐渐朝着成文法的方向发展。今天，中国特色社会主义法律制度形成。

影响我国法律发展的因素很多，有法家思想、儒家思想，其中影响最大的还是儒家思想。例如，西周时期周公制礼，由礼入刑，礼法并存；西汉时期，汉武帝采纳了董仲舒"罢黜百家，独尊儒术"的建议，并将之运用到法律、律例中，儒家思想开始渗透到法律中，"家天下"观念逐步形成。例如大家耳熟能详的"三纲五常"①"三从四德"② 等。至今我国现行婚姻家庭法中还能找到类似"五常"这样的痕迹。例如，继承法规定丧偶的儿媳或者女婿，如果对公婆或岳父母尽了主要赡养义务，可以当作第一顺序继承人，继承他们的遗产；父母死亡之后，有能力的成年兄姐有义务抚养未成年的弟妹；反之有能力的弟妹应该抚养丧失劳动能力、生活没有着落的兄姐。

当代我国社会主义法律体系是在借鉴、吸收国外成熟立法经验的基础之上，结合中国的实际需要，通过移植、继承等方式建立起来的，例如，我国《婚姻法》中有关结婚年龄的规定。在漫长的人类社会发展过程中，我们的祖先观察到，由于气候、水分、光照的影响，中国人的成熟时间为男子 20 岁左右，女子 15～16 岁。因此古代中国法律规定：女子 15～16 岁"及笄"，男子 20 岁"弱冠"，女子及笄、男子弱冠可以结婚。中华人民共和国成立后，出于保护妇女身心健康考虑，更为了保证优生优育，1950 年的《中华人民共和国婚姻法》规定，男女结婚的年龄分别是女子 18 周岁，男子 20 周岁，把以往男女结婚的年龄往后各推迟了两年。20 世纪 80 年代为了控制人口增长速度，我

---

① 三纲指"君为臣纲，父为子纲，夫为妻纲"；五常指"仁、义、礼、智、信"。
② 三从是指"未嫁从父、既嫁从夫、夫死从子"；四德是指"妇德、妇言、妇容、妇功"（妇女的品德、辞令、仪态、女红）。

国实行计划生育，鼓励少生、优生，现行《中华人民共和国婚姻法》（以下简称《婚姻法》）就把男女婚龄在原来的基础上又往后推迟了两年，改成了"女子不低于20周岁，男子不低于22周岁"。显然，关于结婚年龄的规定受到了我国历史文化和现实需要的深刻影响。而中国现行商事法律制度则是在大部分吸收、借鉴、移植国外立法经验与立法成果的基础上制定的，尤其是涉外经济法律制度。中国自古"重农抑商"，相关的商事立法不多，即使有，大多数也是禁止性规定。如果现在还沿用过去的商事法律规定，显然不利于中国经济的发展，不利于中国对外经济交往。而经济全球化的快速发展，极大地推动了我国涉外经济法律规范的国际化。

各国的法律规定尽管不一样，但法律的表现形式大体上可以分为两种：一般以成文的制定法为主的大陆法系和一般以习惯法为主的英美法系。我国的法律体系既不属于大陆法系也不属于英美法系，而是在吸收、借鉴、移植两大法系先进立法经验的基础上，继承中国的历史优良传统，结合中国的现实国情制定的，因此我国的法律体系又称为中国特色社会主义法律体系。我国的法律体系以成文法为主，主要包括立法机关制定的法律与法规、中国参加的国际条约；特殊情况下还包括我国接受的不成文的国际惯例。

立法机关制定的法律具体来说包括：全国人大制定的宪法；全国人大及其常委会制定的法律；国务院颁布的行政法规；地方人大及其常委会制定的地方性法规；自治区自治机关制定的自治法规；国家行政机关制定的行政规章；特别行政区立法机关制定的特别行政区法律法规以及中国参加的国际条约和其他法律形式。需要特别说明的是：香港和澳门特别行政区根据"一国两制"的规定，享有高度的自治权，当然包括立法权。但是特别行政区立法机关制定的法律必须在全国人民代表大会常务委员会备案。全国人大常务委员会在征询其属下的香港特别行政区基本法委员会后，如认为香港特别行政区立法机关制定的法律不符合《中华人民共和国香港特别行政区基本法》关于中央管理的事务及中央和香港特别行政区的关系的条款，可将有关法律发回，但不做修改，该法律立即失效，但该失效没有溯及既往的效力（失效前仍然有效）。

中国参加或者接受的有效国际条约也是我国法律体系的组成部分，但是其在我国的法律地位需要具体情况具体分析。例如，根据"约定必守原则"以及我国相关法律的规定，中国参加的民商事领域内的国际条约，除保留以外，凡与我国民商事法律规定相抵触的，优先适用国际条约。但是中国参加的其他领域中的国际条约如果与国内立法相抵触，则要具体情况具体分析，不能一言以蔽之。例如，如果该国际条约的规定与我国宪法规定相抵触，则我国宪法的效力优先。

国际惯例在我国处于补充的地位。因为我国属于成文法国家，根据"成文法优于不成文法"的惯常做法，原则上不适用国际惯例。但是如果国内成文立法、中国参加的国际条约均没有规定，国际惯例中又有相关规定，而且我国接受这种做法的话，那么可以考虑适用国际惯例。

其他法律形式主要是为了语言表述严谨的需要，避免出现遗漏而使用的兜底性规定。其他法律形式主要包括军事法规、军事规章，经济特区的规范性文件，等等。例如，法院判例，在内地没有法律效力，但是在香港有法律约束力。因为香港特别行政区法律属于英美法系，英美法系法官做出的经典判决，对今后法官审理类似案件有法律约束力，所以香港特别行政区的判例属于其他法律形式的范畴。

（二）法律的作用

从不同的角度看，法律的作用也不同。一般而言法律具有告示作用，类似通过张贴告示的方式，告诫公民哪些可以做，哪些不能做；法律的指引作用起到的是"方向盘"和"指南针"的作用，引导公民从事统治阶级鼓励、希望从事的行为；法律的评价作用，是对公民的行为对错、是非进行判断、评价，以此鼓励或者警告公民哪些可以做，哪些不可以做；法律的教育作用是针对违法犯罪的行为人，教育其改过自新，下次不能再犯，对其他公民则有"杀鸡给猴看"的作用，警告其他公民不能做与行为人相类似的事情；法律的强制作用则是通过限制人身自由或者剥夺财产甚至剥夺生命的方式对违法犯罪、屡教不改的公民实施惩罚；保护作用是对违法犯罪的受害人的保护，保护受害人的权益不被侵犯。

站在历史的角度来看，法律最初是为统治者服务的，是为了维护统治秩序而制定的。但是随着法律的发展、完善，法律除了维护统治阶级利益以外，还承担着维护社会公平正义、维护人权的重要职责。

首先是维护社会秩序。秩序是指事物存在和运行过程中的一致性、连续性和稳定性。有序的秩序会带来安全感，有利于社会活动的有序进行，提高人类活动的效率。

其次是保护公民自由。法律通过制定法律规范包括授权性规范（对自由的确认）、义务性规范和禁止性规范（确保自由）来保护公民的自由。自由不仅需要法律的保障，更需要法律加以确认。在法律规范的范围内，一个人的权利是另一个人的义务，这个人的权利才能得到保证。因此只有法律明确保障个人自由范围，并对侵犯自由的行为加以制裁，才能最终保障公民自由的实现。

再次是提高效率。效率通常是指在有限的时间内，完成更多的任务。只有法律保障秩序，法律保障人的自由，才能激发人的内在动力，发挥人的积极性与创造性，才能事半功倍，提高效率，推动生产力发展、推动社会发展。

最后是维护公平正义。公平正义是人类文明发展的重要标志，社会和谐、国家稳定的关键就是公平正义。公平正义包括两个方面：一方面是指平等地对待不同的人、平等地对待相同的事；另一方面包括公民参与国家、社会管理的机会公平、过程公平以及结果分配公平。没有一个国家不重视公平正义，然而构筑一个公平正义的社会更需要全体社会成员共同且长期的努力。其中，努力提高全体公民的文化、道德、法治等方面素质成为人们养成公平正义的意识、锤炼参与公平正义的能力和依法追求公平正义的行为的关键。

历史发展证明，法律是限制与监督国家权力、保障公民权利的必要手段；法律是维护社会正常秩序、提供安宁和谐的社会环境的重要工具；法律还是市场经济良性发展的重要保证；保障和促进社会精神文明离不开法律。

法律是人类智慧结晶，在人类历史发展长河中做出了不可磨灭的贡献，至今也是人类社会关系的重要调整手段，但不等于说法律是万能的，什么问题法律都能解决，我们要客观、理性地看待法律。首先要反对的是"法律虚无主义"，它否认法律的作用，尤其是否认法律在维护社会秩序方面和巩固阶级统治中的作用。其次要反对"法律万能论"，即认为世界上没有法律解决不了的问题，认为只要发现问题就立法，只要立了法就可以解决所有的问题。

二、法治

法治就是依法治国。法治是一种价值观、思维方式，是治理国家、管理社会、维护公民自由权利的基本方式。在中国，法治的主要特点是，由人民创建国家并享有国家主权；人民通过直接或者间接的方式制定法律，授予政府有限权力，监督其依照法律管理社会事务；司法独立；法律是最高的权威；所有的权力机关和公民个人，在法律面前一律平等；等等①。

（一）法治与法制的辩证关系

法制是法律制度的简称，有广义和狭义之分。广义的法律制度包括成文法和不成文法（习惯法）；狭义的法律制度仅仅指立法机关严格按照立法程序制定的法律。不管是广义的法制还是狭义的法制，总之法制是静态的，是政府治理国家、管理社会的工具之一。法治则是动态的，是一种治国理政的手段，用法律治理国家、治理社会。

法治与法制密不可分，两者辩证统一。一方面，在法治社会中，法律具有至高无上的地位；法治只能建立在法制的基础之上，要想实现依法治国首先要完善法律制度。因此只有拥有完备法制的国家，才可能实现法治。另一方面，只有法治国家才会高度重视法律制度是否完善、科学、合理。检验法律制度是否科学、完善的标准，就看能否满足依法治国的需要。

我国目前处于社会主义初级阶段，经济迅猛发展的同时，我国改

---

① 宋惠昌. 论法治精神与法治思维［J］. 北京联合大学学报（人文社会科学版），2013（4）：89-96.

革也逐渐进入了"攻坚期"和"深水区"。为了如期实现党在十九大报告中提出的"两个一百年"奋斗目标①，实现中华民族的伟大复兴，我们必须全面推进法治。

（二）法治与人治的关系

法治与人治不同。人治，顾名思义依靠人治理国家。中国漫长的封建社会实施的都是人治。人治尽管更注重人性化，但因为个人容易受情绪影响，人性多变，人治体现得更多的是随心所欲，朝令夕改，因此与法治相比，人治极不稳定。人治使政令常常因统治者个人意志的改变而发生改变，老百姓无所适从，会影响国家政治、经济、社会秩序的稳定。例如盛唐时期的唐太宗李世民，广开言路，善于纳谏，善于任人，因此拉开了"盛唐"的序幕。唐代经历"贞观之治""永徽之治""治宏贞观，政启开元""贞观遗风"到"开元盛世"后，在唐玄宗天宝年间经济达到顶峰。然而好景不长，由于土地兼并严重，社会矛盾激化，加上唐玄宗晚年贪图享受，骄奢淫逸，因此统治集团内部日益腐化，爆发了安史之乱，唐朝转瞬"由盛转衰"，政权摇摇欲坠。

（三）法治的作用

1. 法治是治国理政的有效方式

习近平于 2012 年 12 月 4 日在首都各界纪念现行宪法公布施行 30 周年大会上的讲话中指出：依法治国是党领导人民治理国家的基本方略，法治是治国理政的基本方式，要更加注重发挥法治在国家治理和

---

① 第一个一百年，是到中国共产党成立 100 年时（2021 年）全面建成小康社会；第二个一百年，是到中华人民共和国成立 100 年时（2049 年）建成富强、民主、文明、和谐的社会主义现代化国家。

社会管理中的重要作用，全面推进依法治国，加快建设社会主义法治国家。具体而言：

第一，法治是当前我国经济发展的形势与任务的基本要求。党的十一届三中全会确立了以经济建设为中心的基本路线，邓小平同志讲过这个基本路线要坚持一百年不动摇。发展是硬道理，发展是第一要务。但过去我国经济发展主要追求的是经济增长，而且是以追求片面的经济效益为主的粗放型经济发展。过分片面强调 GDP 的增长导致生态环境的恶化，如雾霾问题就是粗放型经济发展模式下的产物。

第二，法治是我国当前改革的形势与任务的要求。改革开放显著提高了我国的综合国力，人民生活水平得到明显提升。但当下改革进入深水区、攻坚期，不同的人对待改革的态度也不同。一方面由于经济增长上行压力加大，人民群众对执政党的期望指数前所未有之高；另一方面既得利益集团阻碍改革，改革遇到前所未有的阻碍。在 2013 年的广州"两会"上，广州政协委员曹志伟展示了一幅长达 4.4 米的"万里长征审批图"。100 多个不同颜色的小方块表示审批环节，整幅图显示的是一个审批项目从立项到验收的漫长的审批环节和过程。曹志伟介绍，一个投资项目从立项到验收，要经过 20 个局、53 个处、100 个审批环节，盖 108 个章、缴纳 36 项行政费用，整个的审批日最长的达到 2020 天，就是按照最关键的路线走，也要经过 799 个工作日[1]。

第三，法治是当前我国反腐倡廉形势与任务的要求。反腐败关系到党和国家生死存亡，而法治是防止权力腐败的利器。通过法律规范、

---

[1] 千帆. 万里审批图挂进中央编办大楼 需审批 799 工作日 [N]. 中国青年报，2013-08-07.

约束政府权力，明确公共权力的内容、边界、责任，创造一个风清气正的国内经济发展环境对我国改革开放有重要意义。而法治则是最有效的牢笼，只有通过法治把权力关进制度的牢笼，才能实现反腐倡廉的目的。

第四，法治是保障人权的需要。法治一方面强调任何国家公权力必须依法行使，另一方面强调公民的基本权利、自由与合法权益必须得到法律保障。法治使公民在国家政治生活中有更大发言权，公民在经济社会生活上更有尊严，尤其是在司法个案中能够真切感受到公平正义，在人权法治保障领域的获得感稳步提升①。

第五，法治是中外历史经验教训的总结。美国当代法学家博登海默曾经说过：在人类所有的发明中，"法律"是最伟大的发明。他进一步解释说："别的发明使人类学会了驾驭自然，而法律让人类学会了如何驾驭自己。"② 例如，1891 年日本"大津刺杀案"③ 是日本司法独立第一案，得到了欧美国家的一致赞扬。日本也借机与英、法、美

---

① 齐延平. 人权保障法治化水平是国家强大的重要标志 [N]. 人民日报，2017-12-16.

② 胡建淼. 法治天下：胡建淼法治演讲录 [M]. 北京：法律出版社，2016：76.

③ 19 世纪下半叶，侵略成性的沙皇俄国在欧洲遭受一系列打击之后，开始调整对欧洲列强的外交政策。时任沙皇俄国皇太子的尼古拉·亚历山德罗维奇·罗曼诺夫为了能够在政治上有所作为，也为了实现"东进"的梦想，决定亲自去远东旅行，详细考察远东的具体情况，为将来的侵略战争做准备。1891 年 5 月 11 日到达日本大津城时，遭到负责尼古拉安全但极端仇俄的警察津田三藏的刺杀。在同伴的帮助下，尼古拉没有生命危险，津田三藏刺杀失败。该事件导致日、俄两国关系紧张，战争一触即发。为了缓和日、俄关系，日本政府表示承担国际法上的责任，处死行刺者。但是这一主张遭到了日本最高法院的拒绝。因为根据《日本刑法》第 116 条的规定，凡加害日本天皇、皇后、皇太子等皇室成员者，不分未遂既遂，一律处以死刑。但这个规定只适用于保护日本皇室成员人身安全，而非访日的外国皇室成员，后者地位与普通日本国民没有差别。根据"罪刑法定原则"，该案最后依据《刑法》292 条普通谋杀未遂罪，处以行刺者终身监禁。

等多国修改不平等条约，国力得到迅速提高；不仅快速走上了发展资本主义的道路，而且开始对外扩张。1895 年，日本发动甲午战争，中国战败被迫签订《马关条约》，割让台湾、支付巨额的战争赔款。

第六，法治是实现中华民族伟大复兴的需要。世界大国的崛起充分证明了一点：能向世界输出制度和文化的国家才能成为大国。有"海上马车夫"之称的荷兰，在 17 世纪能够成为大国，归因于推动形成了主宰世界的三大制度，即航海规则、贸易规则和金融制度，贡献了格劳秀斯和国际法；"日不落帝国"英国之所以能成为大国，在于其形成了尊重产权和个人自由、体现法治精神的英美法系；德国之所以能成为大国，是因其贡献了体现理性精神的民法典和挽救资本主义的社会保障制度；法国之所以能成为大国，在于贡献了现代人权思想，解决了国家与个人关系的协调问题；日本之所以能成为大国，是因其怀着"求知于世界"的维新纲领，成功地会通东西文明，建立了具有儒家思想特点的政治法律制度；美国之所以能成为大国，归因于完善了以主权在民、司法审查、总统制、分权制衡为内容的一整套宪政民主制度①。曾经的中国能够在东方屹立不倒，究其原因是中国向世界贡献了儒家文化。因此实现法治创新，强化法治思维，向世界贡献习近平中国特色社会主义理论是中国实现中华民族伟大复兴的必由之路。

2. 法治有利于提升执政党的执政能力与执政水平

党的执政能力在我国指的是中国共产党的执政能力。是党在执政过程中，处理国内事务、应对国际局势以及处理国际事务的能力，包括完善市场经济、推进民主政治、发展先进文化产业、构建和谐社会、处理国际关系等。中国共产党执政能力的高低事关党和国家长治久

---

① 徐显明. 走向大国的中国法治 [J]. 法制资讯，2012 (3)：71–75.

安、人民幸福安康。提高我党的执政能力和执政水平离不开法治思维的培养。党员的法治思维包括严守党内法规思维和遵守国家法律、法规思维两方面。

首先，党员要遵守国家法律、法规，要有依法办事的思维。党员也是公民，而且党员是公民的先进分子，理应带头守法、模范尊法。

其次，作为党员还要遵守党内法规。中国共产党是执政党，为了规范中国共产党党员的行为，保证党员的先进性与廉洁性，必须要制定党内法规。用党内法规规范党组织的工作，约束广大中国共产党党员的行为，保证党组织和党员在法规许可的范围内开展活动。党员作为人民群众中的先进分子，理应更好地约束自己的言行举止，因此党内法规普遍比国家大法更严格。党员党内法治思维的养成，有利于党员自觉遵守党规党纪，坚决贯彻执行党中央的方针、政策，有利于保持中国共产党的先进性与廉洁性。因此培养党员法治思维，不管是培养党内法规法治思维还是国家大法法治思维都有利于执政党照章办事、依法执政。总之，培养党员法治思维一方面有利于党员发挥人民群众先锋模范带头作用，带动全社会依法办事，守法、尊法；另一方面有利于党风廉政建设，保证党的生命力与纯洁性，对提高党的执政水平与执政能力意义重大。

3. 法治有利于实现国家治理体系现代化，提升国家治理能力

国家治理体系是指国家机关各职能部门的重新架构和分工。过去我国党政各部门之间存在分工不明、机构重叠、人浮于事的情况，导致国家颁布的各项政策在贯彻实施的时候存在上下不畅的现象，凸显国家治理能力不足。为了提升国家治理能力，十八届三中全会上，党中央提出了要努力实现第五个现代化，即要努力实现国家治理体系与

治理能力现代化。这反映了中国共产党顺应世界发展的趋势与潮流、向现代化政党转变的决心与信心。

要实现第五个现代化除了要求提高执政党的执政能力外，还要求提高国家机关及其工作人员的履职能力。提高国家机关及其工作人员履职能力首先应该培养法治思维。培养国家机关及其工作人员的法治思维，一方面能够强化国家机关及其工作人员尤其是少数关键领导干部依法办事、不滥用职权的意识；另一方面能够理顺官员与普通老百姓之间的关系，协调"官民关系"，维护社会秩序的和谐、稳定。

三、法治思维

法治思维是诸多理性思维方法中的一种。与其他思维方法不一样，法治思维要求公民学法、用法、尊法、守法，自觉在法律规定的范围内活动。换句话说就是要领会法律的精神，运用法律的原则、适用法律的规定，分析、思考、判断各种社会问题，最后在法律允许的范围内解决问题。

法治思维的养成，有利于提升公民素养，有利于和谐社会的构建。公民素养顾名思义是指公民素质与修养，具体是指公民具有高尚品德与情操。包括公民的高尚的道德情操、温文尔雅的言谈举止、奉公守法的思想意识等。因此公民素养越高，这个国家的公民法治思维越成熟，进而直接影响着国家、社会的发展与进步，影响和谐社会的构建。

（一）法治思维有利于公民理性对待自己的权利与义务

对法律内容的认知与理解将会使公民做出行为前，能依据规则判断自己是否有权利做出该行为，由此行为所产生的可能后果是什么，自己能否承受由此行为带来的各种可能后果，等等，进而理性选择作为还是不作为。因此培养公民的法治思维可以使公民理性对待自己的权利与义务，深刻理解权利与义务的不可分性，从而由规则的被动执行者转变为规则的主动遵守者，使公民依法参与管理国家事务、经济社会文化事务以及自身事务的能力得到提高。

2019 年 7 月 30 日下午，江苏省连云港市东海县水晶城派出所接到报警，报案人说自己停在新水晶城停车区的电动车被偷了。警察根据监控视频，迅速将犯罪嫌疑人柯某抓获。柯某对自己偷盗电动车的事实供认不讳。问及盗窃原因，柯某说前段时间自己的一辆电动车被偷了，心里一直不舒服。那天到水晶城购物，发现边上有一辆电动车仪表盘亮着，就抱着能骑就骑走的心态，把车偷回了家①。柯某因为自己的权益被侵犯，不能理性对待自己的权利与义务，对于他人的财产，萌生了不该有的想法，结果自己涉嫌盗窃，将面临法律的制裁，这就是缺乏法治思维的典型表现。

（二）法治思维是维护个人合法权利的重要保障

因为出差，乔某购买了两张火车票。根据当时铁道部最新发布的《关于 2001 年春运期间部分旅客列车实行票价上浮的通知》，这两张火车票比《通知》发布之前多花了 9 元钱。乔某觉得春运火车票涨价有问题，向铁道部提起行政复议，要求铁道部说明春运火车票涨价的合法性与合理性依据。铁道部做出答复后，乔某对答复不满意，以铁道部未就春运涨价召开听证会为由，将铁道部、北京、上海、广州三家铁路局列为共同被告，起诉至北京市第一中级人民法院，请求法院确认四被告的行为违法。尽管最终败诉（一审驳回起诉、二审维持原

① 袁青青，蔡应德. 自己的车被盗就去盗别人的车男子终为"心里不平衡"买单 [EB/OL]. 中国江苏网，2019-08-07.

判），乔某却觉得输赢不重要，案件能开庭，就意义重大。因为它能唤醒公众维护自身权益的意识和行政机关依法行政的意识，同时也能促进我国行政诉讼法律的日趋完善①。在众多"乔某"的共同努力下，2007 年铁道部宣布今后春运火车票不涨价。

无独有偶，郝某也因为维权先后九次与"铁老大"对簿公堂。2004 年因为在火车上用餐，服务员只给收据，没有给发票，郝某将北京铁路分局告上法庭。因为无法证明自己确实向服务员索要过发票，法院判决他败诉。2005 年他起诉铁路分局，原因是火车上销售货物不开发票，涉嫌偷、漏税，而且数额巨大。最终铁道部不得不颁布《关于重申在铁路站车向旅客供餐、销售商品必须开具发票的通知》，要求全国各铁路分局向旅客供餐、销售商品时必须提供发票。同时为了方便开具发票，国家税务总局还联合铁道部共同印制了一种铁路专用发票，在全国列车上使用。郝某的较真行为结束了中国火车上旅客消费不开发票的历史，他本人也因打破霸王条款，被提名为 2005 年中国法制新闻人物和 2005 年度十大法制人物，并以"维权战士"的身份被写入《2005 中国法治蓝皮书》②。

2013 年 8 月 26 日，在没有召开听证会的前提下，中国铁路总公司单方面宣布，实施梯次退票方案和改签办法，新的退票方案自 2013 年 9 月 1 日起正式实施。原来的火车票退票费是票面价格的 5%，而根据新方案，退票费最高可达票面价格的 20%。董某觉得中国铁路总公司的做法不对，申请国家铁路总公司信息公开，向公众公开与调价相

---

① 胡庆波. 状告"铁老大"，律师的法治接力棒［J］. 法律与生活，2014（21）：56-58.
② 胡庆波. 状告"铁老大"，律师的法治接力棒［J］. 法律与生活，2014（21）：56-58.

关的政府定价信息和退票成本等信息。遭到国家铁路总公司拒绝后，他以国家铁路总公司为被告提起行政诉讼，请求法院裁决国家铁路总公司公开相关信息。法院判决支持董某的诉求，要求国家铁路总公司撤销原答复，重新做出新的答复①。

这三个案件有三个共同的特点：一是原告在认为自己权益受到侵犯之后，采取的措施是通过法律途径维护自己的权益；二是被告都是国家铁路局；三是三个案件最终都获得了令人满意的结果，迫使国家铁路局不得不做出让步。正是社会各界的共同努力，推动了我国铁路系统的改革，不仅加速了铁路部门的改革进程，而且产生了积极的社会效果。同时这三个案件也清清楚楚地证明了法治思维是维护我们合法权益的重要武器之一。

（三）法治思维是避免个人违法犯罪的最好手段

反过来，如果没有法治思维，采取极端手段维权的话，不仅权益无法维护，甚至自己也可能因违法犯罪付出沉重代价。1985 年，浙江温州苍南农民包某一家准备建房，当地生产大队同意建房，前提是主管部门审批同意。包某一家在没有得到舥艚镇城市建设管理办公室和舥艚镇镇政府批准的情况下，在该镇东面的河滩上盖起了三间三层楼高的房屋，并办理了相关手续。两年后，县水利部门认定是违章建筑，被苍南县人民政府强制拆除。包某一家认为政府的强拆行为侵犯了自己的合法权益，遂以苍南县人民政府为被告，向温州市中级人民法院提起诉讼，要求被告赔偿经济损失。尽管一审、二审都败诉，但包某

---

① 孔德婧. 国家铁路局被判公开退票成本　回应称不归我们管 [N]. 北京青年报，2014-09-11 (8).

说，相信法律，服从法院的判决①。一群没有接受过任何正规法律教育的普通农民敢于拿起法律武器维护自身权益，其行为被社会各界普遍认为是公民权利意识的觉醒。包某本人也因为中华人民共和国第一例"民告官"原告的身份被记入中国法律制度史，同时他的行为还推动了我国第一部行政诉讼法②的诞生。反过来，如果当时包某拿起的不是法律武器而是炸药包，那么包某的结局不言而喻。

（四）法治思维是青少年身心健康成长的重要保证

2019年7月13日宁夏回族自治区银川市永宁县公安局接到群众报警，该县望远镇政权村十二组6岁女孩李某某走失，请求警察协助查找。第二天，在该村一座废弃的土房内发现李某某的尸体。公安机关侦查发现，被害人是他杀，凶手苏某一（现年12岁）是死者的亲戚。据犯罪嫌疑人苏某一交代，在玩耍的过程中，李某某不慎从木架子上摔下来，头部着地，当场昏迷。因为害怕李某某醒过来向家长告状，就用一块木板击打李某某的头部，致使被害人当场死亡③。

2015年7月2日，失踪三天的女工苏春梅的尸体被发现装在蛇皮袋里，放在工厂宿舍的床底。凶手是死者的前工友，15岁的张某龙。原来张某龙与苏春梅平时相处得还不错，张某龙想向被害人借200元钱，被害人不仅拒绝借钱，还说了一句"没家教"，并提醒他要好好

---

① 苍南百事通"深度解密"包郑照一家诉苍南县人民政府强制拆除案［R/OL］.搜狐网，2018-08-01.
② 1989年4月第七届全国人民代表大会第二次会议通过《中华人民共和国行政诉讼法》。
③ 川报观察：可怕！女童跌落昏迷，12岁同伴怕受责罚将其打死［EB/OL］.搜狐网，2019-07-18.

做人，不要整天不务正业①。就是这句话导致张某龙动了杀人的念头，最终残忍地杀害了被害人。

　　这两个案件的犯罪嫌疑人均是未成年人，尽管年纪不大，但是视生命如草芥，做事情不计后果，随心所欲，胆大妄为。因此培养法治思维应该尽早，最好从青少年抓起，否则成年之后不仅不能为祖国建设添砖加瓦，甚至可能做出危害社会、危害国家、伤害他人的行为。大学生是社会主义建设的接班人，更要加强法治思维的培养。只有首先学会理性处理各种问题，才可能更好地解决学习、生活、工作中的各种问题，避免付出不必要的代价。

　　那么大学生需要什么样的法治思维呢？理论界与实践界普遍认为，法治思维包括规则思维、法律至上、权力制约、公平正义、权利保障、正当程序6个方面。笔者认为，当代大学生还应该有广阔的国际视野、开放的国际胸怀，应该学会运用国际法的原则、规则分析国际事件，深刻理解国家、政府制定的各种内政外交方针政策，维护国家主权、领土安全，树立国家利益至上的观念。因此大学生还应该培养国际法治思维。

---

　　① 刘辉龙，张阳晨. 东莞15岁少年杀人藏尸床底　原因竟是被骂没教养 [N]. 南方都市报，2015-07-09.

第二章

规则与规则思维

2020 年 2 月的最后一天，国际体育仲裁院（简称 CAS①）秘书长马修·里布宣布：三名仲裁员一致认为游泳运动员孙杨违反了反兴奋剂相关规定，并考虑到这是他第二次违反规定，决定支持世界反兴奋剂机构针对国际泳联判定孙杨无过错的上诉，裁决孙杨禁赛八年并立即生效。裁决的理由：当时对孙杨进行反兴奋剂检查取样的工作人员的行为符合世界反兴奋剂机构的规定；孙杨对自己破坏反兴奋剂取样的举动未能提供有说服力的解释，且孙杨不能因单方面认为反兴奋剂取样程序不合法而破坏取样。同时，CAS 认为，由于没有证据表明孙杨在 2018 年 9 月 4 日抗检之前有任何服用兴奋剂行为，因此孙杨在 CAS 裁决之前的所有比赛成绩仍然有效。"孙杨案"起源于 2018 年 9 月 4 日国际兴奋剂检查管理公司（IDTM）的一次药检。国际泳联②

① 国际体育仲裁院（COURT OF ARBITRATION FOR SPORTS，简称 CAS）是一个专门为解决体育纠纷而设立的国际性仲裁机构，成立于 1984 年，总部位于瑞士洛桑。

② 国际游泳联合会（法语：FéDéRATION INTERNATIONALE DE NATATION，缩写 FINA）是一个负责管理游泳类水上运动的国际体育组织，1908 年成立于英国伦敦，总部设在瑞士洛桑。国际游泳联合会所管理的运动项目包括游泳、跳水、花样游泳、水球和公开水域游泳。协会遍布世界五大洲，是世界上规模最大的国际协会之一。

（FINA）授权该机构对孙杨实施赛外检查，孙杨认为采样人员未经专业培训，不具备法定资质，因此拒绝配合。国际泳联随后召开听证会并做出决定，认为孙杨的抗检行为没有违反相关规定。但该决定遭到了世界反兴奋剂机构①（WADA）的反对，认为孙杨抗检行为违反反兴奋剂的相关规定，并于2019年3月上诉至国际体育仲裁院，请求仲裁院裁决。

"规则面前人人平等"，各行各业都有自己的规则。一个国家、一个民族、一个社会要想维护稳定的秩序，首先要有规则，尤其是中国。中国传统上是一个人情社会的国家，大部分人遵循的规则是"能找人办的事绝不自己去办"，很多人坚信"熟人好办事"。这就使得人与人之间因为私人关系而构成了一个个利益集团，大家抱团共生、共存。然而这种利益环环相扣的社会关系很容易滋生腐败。人情往来是许多官员腐败的第一步，圈子、人情使不少官员一步一步陷入贪腐的泥潭，不能自拔。法治社会与人情社会完全不同，人与人之间的关系依靠稳定的法律规则来调整，不因为个人关系的好坏而有本质的变化。因此培养大学生法治思维首先应该培养大学生的规则思维，让大学生摒弃传统人治思想，养成依靠规则处理社会关系、依靠规则解决矛盾纠纷的习惯。

---

① 世界反兴奋剂机构（WORLD ANTI-DOPING AGENCY）是负责审定和调整违禁药物的名单，确定药检实验室，以及从事反兴奋剂的研究、教育和预防工作的机构，是国际奥林匹克委员会下设的一个独立部门。其总部位于加拿大蒙特利尔市，1999年11月10日，其在瑞士洛桑，对兴奋剂的各个项目检测方法制定了统一的标准。

一、规则与规则思维的内涵

（一）规则的内涵

俗话说：不以规矩，不能成方圆。规则是维护国家、社会、家庭秩序的重要手段之一。规则也就是我们日常生活中所称的"规矩"，是由国家立法机关、司法机关、行政机关制定并颁布的，或者是在社会发展过程中逐渐形成的，被大家普遍接受的，是人们行为准则、标准等的总称。规则的内涵非常广泛，包括法律规则、道德规则、政党规则，还有约定俗成的乡规民约等。

没有规则带来的是混乱与动荡。有人在幼儿园做了一个实验：老师给孩子五颜六色的颜料，孩子可以随意涂抹、配色，不做任何要求。结果，没过多久，孩子们中出现了叫喊、吵闹，原因是无规则地随意配色、涂抹导致颜料混杂，使孩子无法按自己的心意选择颜色，进而孩子彼此之间产生冲突与摩擦，导致课堂秩序混乱。显然规则是满足每个人意愿的最佳途径；推而广之，科学合理的规则体系是维护国家、社会秩序的重要保障。

（二）规则思维的内涵及其种类

1. 规则思维的内涵

规则思维是指在处理和解决问题的时候，用既定的规则来判断、甄别事物，用客观理性来处理结果，而不是以个人的情绪随意进行判断。一句话就是讲规矩，按照规章制度办事。具体而言，规则思维就是要求按既定的规则办事。良好的规则可以让每个人预期自己行为的结果，可以合理选择自己的行为，避免个人意志的左右，避免特权。

规则思维中法律规则思维与道德规则思维是大学生应该培养的具体规则思维。

2. 规则思维的种类

（1）法律规则思维。法律规则是国家立法机关制定或认可的有关作为或不作为的强制性规定。法律规则一般包括假设条件、行为模式、法律后果三个部分。假设条件主要是关于该规则适用的前提条件；行为模式主要是指行为人做出的具体行为，通常分为作为行为和不作为行为两种；法律后果则是指行为人做出行为后应该承担的不利后果。例如该做不做，应该承担不作为的义务；不该做的做了，应该承担作为的责任。法律规定不允许杀人放火，如果你杀人放火了，就要承担故意杀人罪、放火罪的刑事法律责任；法律规定你必须赡养老人，如果你有能力却不赡养老人，轻者构成遗弃、虐待，承担民事法律责任，后果严重则构成遗弃罪、虐待罪，要承担刑事法律责任。

法律规则思维是规则思维的主要内容。法律具有一定的稳定性，人们根据既定的法律规则能准确判断行为后果，进而在作为与不作为之间加以取舍，从而选择正确的行为方向。

（2）道德规则思维。道德是一种观念、一种社会意识形态，是在漫漫历史长河中逐渐形成、发展而来的。与法律不同，道德是不成文的存在。例如我们耳熟能详的"孔融让梨""程门立雪"等故事。道德规则尽管无言无形、看不见、摸不着，却通过舆论等各种力量调整人与人之间的关系、社会关系、个人与国家之间的关系。

道德与法律不同的是：道德是高要求，法律是低标准。法律不能强人所难，法律规定的规则要求大多数人都能够做到；而道德的要求相对比较高，大多数人无法做到。例如，传说舜成年之前，母亲去世，父亲再娶，生了弟弟象。继母和弟弟对舜特别不好，舜在家里实在待不下去，只好搬到外面独自居住。其他人觉得他是个好人，于是搬到舜的附近居住。没几年，舜居住的地方成为一个大集市。舜有钱后，不计前嫌，带着妻子看望家人，送给他们昂贵的礼物。舜的财富引起继母与弟弟的嫉妒，他们想占为己有，密谋加害舜，最终没有得手。阴谋败露之后，舜不仅不记仇，而且以德报怨，在自己继承王位后，任命向自己忏悔的弟弟象为诸侯。

尽管道德规则思维不要求每个人都必须具备，但是道德规则思维的培养，有利于我们构建和谐社会。例如，2011 年 10 月 13 日，广东省佛山市 2 岁女孩小悦悦连遭两辆车碾压后，18 个路过的行人没有一个上前施救，直到 7 分钟之后，才被一名拾荒的妇女报警，送往医院，最终不治身亡①。法律虽然没有规定见死不救要处罚，但如果人们心存慈悲，乐善好施，那么人与人之间的关系会更加和谐，社会会变得更加安宁、美好。

法治社会是秩序稳定的社会，不仅需要法律规则思维，也需要道德规则思维。有了法律规则思维，才可能做到立法机关有法可依，司法机关有法必依，行政机关执法必严，公民、法人、非法人组织违法必究，从而才能稳定社会秩序。道德规则思维可以帮助我们提升精神境界，推动人的素质全面发展，促进人的自我完善，尤其是法律规则调整不到的领域，我们还需要道德规则予以调整。以法治促进道德建设，用道德滋养法治精神，同时发挥法律与道德的作用，更有利于国家经济发展，社会稳定进步，人民和谐相处。

---

① 李业珅. 要是小悦悦还在，小学快毕业了［N］. 南方日报，2019-05-10（12）.

二、规则思维的基本要求

（一）规则思维首先要求规则科学、合理

判断规则是否科学通常通过两个方面。一是能否合理解释规则；二是能否通过规则预测客观事物规律。合理，顾名思义合乎道理或者事物发展的规律。判断规则是否合理则是通过规则能否满足个体与整体的发展规律来判断的。好的规则，可以使个体与整体同时得到提高；如果存在个体与整体不和谐时，好的规则可以促使个体与整体协调，进而达到共同提高的目的。

例如，7个和尚分稀饭。一大桶稀饭不够大家吃，总有人饿肚子。于是大家商量由一个和尚负责分稀饭。不久大家发现，除了分稀饭的和尚天天吃得饱之外，其他人总会饿肚子，因为负责分稀饭的和尚自己吃饱后，剩下的再分给别人，其他人怎么够吃？于是饿得受不了的其他和尚提议大家轮流分稀饭，每天值日。一段时间后发现，除了轮到自己值日的时候能吃饱，其他时间都吃不饱。于是又提议推选一个德高望重的和尚主持分稀饭。开始这个和尚分得比较公平，可是时间一长，其他和尚发现他本人以及与他关系好的人能分得多，跟他关系不好的分得少。于是大家还是觉得不满意，决定同时成立两个机构：执行委员会和监督委员会。这样终于解决了公平问题，但出现了效率低下的结果：等公平地分完稀饭，稀饭已经凉透了。这样分稀饭夏天还行，冬天绝对不可以。于是他们又想了一个办法：还是轮流值日，但负责值日的那位必须等大家都挑完了，才能拿自己的那一碗。这下问题彻底解决了，因为如果值日的和尚稀饭分得不公平，最少的那份非他莫属。和尚们均等地吃上热稀饭的问题终于解决了。

和尚分稀饭的故事说明,首先要有规则,"无规矩不成方圆",大公无私、道德高尚的人毕竟是少数,绝大多数人都是自私的,如果没有规则,人人为己,社会秩序必将陷入混乱,不公平的现象随处可见。其次要有科学、合理的规则。丛林规则源自生物学中的概念,总的思想就是物竞天择,适者生存;反之不适者淘汰。该规则用到社会生活中就是弱肉强食,尤其是在资源有限的时候。人是动物,但人归根结底是社会的动物,可以通过制定规则改变人的自然属性,一套科学合理的规则可以约束整个社会、规范每个个体,从而达到稳定秩序,实现社会公平、公正的目的。"和尚分稀饭"的例子就是从没有规则到有规则,从不合理、不科学的规则再到科学、合理的规则,最终的结果就是每个和尚都吃到了均等的热稀饭,实现了公平、公正。这就是规则科学、合理的重要性。再如,交通要道交叉入口需要设置红绿灯,红绿灯的持续时间因为人、车流量大小略有不同,但一般不能超过两分钟。因为调查研究表明,普通人的忍耐力有限,一般忍受时间在70~90秒之间,如果超过90秒等待时间,不少人会认为红绿灯坏了,从而闯红灯。因此规则的设置必须科学、合理,既不能放任不管,也不能强人所难,否则规则将形同虚设。

(二)规则思维要求处理矛盾纠纷要严格按规则办事,任何单位、个人不能随意突破规则的规定

2008年北京奥运会期间,为了解决道路拥堵与雾霾问题,北京市政府颁布机动车单双号限行的规定,并且取得了较好的效果。奥运会结束之后,是否延续机动车单双号限行规定的问题一时之间成为热议的话题。有的人赞成,认为这样可以慢慢适应不开私家车出行的习惯,不但可以充分利用公共资源,而且可以保护蓝天、保护环境。有的人

反对，认为单双号限行治标不治本，原因有两点：一是一半的车不能开，导致资源浪费；二是对于需要每天用车的人而言，可能会出现两辆专车，这样一来，机动车的总量会暴涨，不仅不会达到道路通畅、保护环境的目的，甚至可能会加剧雾霾的严重程度，浪费更多的公共资源，最好的办法还是大力发展方便、节能、高效的公共交通系统，如地铁、城轨；研制更节能、更清洁的新能源汽车；制定相应的财税政策进行调控，如车辆购置税、燃油税等。不管哪一方有更合理的理由，只要政府出台了相应的规定，我们就应该严格按规定办事。例如，江西省南昌市也规定了单双号限行，对于违反了单双号限行规定的人，罚款 200 元，记三分。

2016 年 11 月 1 日，深圳市交警支队在全市范围内开展"严查远光灯"的专项行动。在执法过程中，深圳交警对多个乱开远光灯的司机进行了处罚。别出心裁的是，为了让受处罚者印象深刻、感同身受，执法交警让违法者亲身体验车辆远光灯的照射，感受车辆远光灯的危害，然后再对违法者进行处罚并教育，告知什么是远光灯，如何正确使用远光灯，等等①。深圳交警的"体验式执法"在媒体直播之后，引起了众多讨论与争议。有人认为这种方式好，让违法者"感同身受"，对处罚印象更深刻，今后将会引以为戒；也有人认为深圳交警的执法方式不当，应该以法律为依据，不能随意创设处罚种类、突破法律的规定。

交警是国家工作人员，国家工作人员履行职责应该以事实为依据、以法律为准绳，依法行政。根据《中华人民共和国道路交通安全法》的规定，执法机关对于轻微违法行为可以给予警告、无计分处

---

① 王庆峰. "远光灯体验"不仅仅是一场体验［N］. 南方日报，2016-11-03.

罚。乱开远光灯就是一种轻微的违法行为，交警应该口头告知违法者行为违法，纠正其违法行为并予以口头警告后就可以放行。据此深圳交警没有权力对乱开远光灯的违法者采取"直视远光灯"的处罚措施。深圳交警的"体验式执法"行为突破了行政法律、法规的授权，不仅违背了行政法律、法规规定的依法行政原则，以及法无规定不可为原则，而且该行为增加了公民不必要的义务，因此是违法行为。"体验式执法"凸显深圳交警的规则意识不强，而规则思维缺失容易导致出现有法不依、违法不究、执法不严或者随意执法、乱执法的现象出现。

（三）规则思维要求行为人知道违反规则承担的后果

规则性思维除了要求了解、知道，甚至熟悉规则之外，还要求了解、知道、熟悉违反规则的法律后果。首先，知道违反规则之后的结果，对于行为人而言，无疑是最好的行为风向标。其次，知道违反不同的规则，带来的后果不同：违反道德规则，更多的是面临舆论谴责、内在良心的自责；违反党纪党规，最多按照党规党纪处罚；但是如果违反法律的规定，尤其是违反类似刑法这样的规定，带来的后果轻则失去财产、某种资格、人身自由，严重的甚至失去生命。

1. 违反道德规则要承受道德谴责

2011年9月2日的上午，湖北省武汉市一名88岁的老大爷在菜市场门口（离老人的家不到100米远）不小心迎面摔倒了，周围的群众没有一个敢上前扶他，也没人报警或者打急救电话。直至一个半小时后，家人知道了才把老人送到医院抢救。但因为耽误的时间过长，老人最终还是因为鼻血堵塞了呼吸道，窒息而亡①。菜市场，一个人来人往的地方，只要有一个人扶起老人或者打个120急救电话，老人死亡的悲剧可能就会避免。但在长达一个半小时的时间里，附近没有一个人这么做。作为普通老百姓，觉悟不高，怕麻烦，不想管事，见死不救，我们可能还能理解，但发生在安徽合肥的类似事件就令人愤怒。同年10月11日上午，距离安徽省红十字会医院门口20米左右的地方，66岁的龚姓老人摔倒了。过往的路人就近向医院求救，但安徽省红十字会医院却置之不理。半小时后，老人才被送往合肥市105医院抢救，最终还是去世②。事件曝光后，不少公众对该医院见死不救的行为非常愤怒。安徽省红十字会医院对摔倒的老人置之不理、明哲保身的行为显然违背了医院治病救人的职业道德。

2. 违反党规党纪要接受党内处罚

马某，2008年3月起任仓基村党支部书记，2008年9月起任仓基村经济合作社主任。任职期间，马某违反民主集中制的议事规则，擅自决定重大事项；非法占用村集体土地，不经上级审批及国家招投标法的强制性规定，违法建设村级重大项目，结果造成严重的不良社会影响，而且情节严重；严重违反财务管理规定，项目收取的资金以及集体收入没有录入村集体的账户，自收自支，造成集体资金损失，情节严重。2018年7月19日，马某受到开除党籍处分③。

3. 不遵守规则，利用规则漏洞牟取非法利益，行为人要承担的可

---

① 琛颢. 88岁老人摔倒窒息死亡，社会究竟怎么了？[EB/OL]. 华声在线，2011-09-04.

② 周然，胡磊. 安徽红十字会医院被质疑对摔倒老人见死不救 [EB/OL]. 人民网，2011-10-14.

③ 中国宁波网. 宁波通报5起基层党员干部违纪案例8人被开除党籍 [R/OL]. 浙江新浪网，2018-08-24.

能是名誉、经济损失。

如淘宝起诉"职业吃货"第一案。20 岁不到的周某，2018 年 6 月开设了淘宝账号后开始疯狂下单、退款不退货。短短一个多月时间内，疯狂下单 633 笔，申请"仅退款"（退款不退货）624 笔，退款成功 612 单，金额高达 3.2 万余元。淘宝网很快发现里面的异常，向杭州互联网法院起诉。法院查实，周某利用卖家在一些事实不清的情况下，不愿意花时间解决交易纠纷，肯于承担责任的心理牟利。最终法院一审认定周某的恶意退款行为是滥用淘宝会员权利，损害平台正常运营秩序的行为，判决周某赔偿淘宝平台经济损失 1 元及合理支出（律师费）1 万元①。这是淘宝网起诉恶意退款系列案件中，法院做出的首例判决。

2018 年和 2019 年，网络媒体曝光了好几起"高铁霸座事件"。当事人在高铁上不按照乘车规则对号入座，而是强行霸占别人的座位拒不归还。最终相关部门依据治安管理处罚法的规定，对这些"霸座男""霸座女"处以 200 元的行政处罚，并被铁路部门列入黑名单，一定时间内不允许其购买高铁车票出行。

4. 违背法律规则丧失的也有可能是未来职业发展机会

德意志民族是一个非常讲究秩序的民族，尽管有严格的交通法规，但却没有严格的监督管理机制。如德国的地铁站比较开放，不仅不设电子验票门，而且从地铁入口处直至站台没有任何隔离措施，更没有人工检票，只是偶尔会有抽检，所以乘客买票全凭自觉，如果想逃票则易如反掌，但是德国人很少逃票。这与德国从孩子小时候开始

---

① 王巍. 女子一个月内申请退款 624 笔且拒不退货，淘宝维权胜诉［N］. 新京报，2019-12-04.

就注重规则教育有关，也与规则制定得合理、科学有关。地铁站不查票，但地铁公司会组织不定期抽检。地铁开动前一刻，一群人同时上一节车厢，车开动后，亮出证件说明意图，请乘客配合。一旦查出逃票，除了原票价几倍甚至十几倍的罚款外，还会把逃票行为记入逃票者个人诚信档案。据说一名曾在德国学习的外国留学生，尽管毕业时成绩很优异，但在求职时却被多家德国大公司拒绝。原因很简单，档案显示，他搭乘地铁两次被抓到逃票。用人单位认为他有污点记录，说明品质有问题，所以不予录用。最终这名留学生因为蝇头小利，为不遵守规则付出了惨痛的代价——得不到自己满意的工作机会。

2020年4月，中国恒大足球名将于汉超因自己的车不能上广州的牌照，不方便出行，否则要被罚款。为了方便出行，同时也为了逃避罚款，他当街涂改车牌号，结果被网友拍到并上传互联网。广州交警调查确认属实后，对他处以"罚款5000元并处行政拘留15日、驾驶证记12分"的处罚；而恒大俱乐部，根据队规直接开除了他，他失业了①。于汉超当街涂改车牌事件充分暴露了他完全没有规则意识，一点都不知道规则的重要性。一念之差，因小失大，付出的代价就是从高收入，变成失业状态，自己的职业生涯也到此结束。

5. 严重违反法律法规付出的可能是人身自由甚至生命的代价

2013年4月，在上海复旦大学攻读博士学位的林某，因为对平时日常生活中积攒的小摩擦怀恨在心，将剧毒化学品N-二甲基亚硝胺加入宿舍饮水机中，导致同宿舍的室友黄洋中毒死亡。

这起案件的行为人是因为日常鸡毛蒜皮的小事引发了重大凶杀案

---

① 关尹. 于汉超犯糊"涂"改车牌，恒大从严治军直接开除［N］. 新民晚报，2020-04-15.

件，当事人都付出了惨痛的代价。

（四）对于没有法律规则规定的领域要具体情况具体分析

法律不是万能的，立法者的立法范围不可能覆盖到社会生活的所有领域，特别是随着生产力的持续发展，生产关系在不断地发生变化，立法程序的严格要求，导致法律无法及时修订、与时俱进，因此总有法律调整不到的地方。如"同性性侵"问题。我国《刑法》只规定了男性强奸女性，没有规定女性强奸男性、同性性侵。根据罪刑法定原则，对于同性性侵、女性强奸男性的问题，不能以强奸罪论处，只能采用别的罪名定罪量刑，追究刑事责任。因此对于法律没有规定的领域，我们应该具体问题具体分析，不能一刀切。司法实践中，一般根据公私法的属性确定无规则领域的法律适用。

公法、私法概念及其划分原则最早是古罗马法学家乌尔比安提出来的，后来被西罗马国王优士丁尼（又称查士丁尼）主持编撰的《法学阶梯》采纳。乌尔比安认为公法以保护社会公共利益为目的；私法以保护个人利益为目的；公法不为私人意思所变通，私法反之。近代德国学者耶律内克、日本学者美浓部达吉认为公法的法律关系一方或双方当事人是国家或者国家授权的机关；私法的法律关系主体双方当事人均为个人。德国学者拉邦德认为公法规定的是双方当事人法律地位不平等的关系或者服从关系、隶属关系；私法规定双方当事人法律地位平等的权利义务关系。还有学者认为公法规定的法律关系属于国家统治权范围内的关系；私法规定的法律关系则不属于国家统治权范围内的关系；等等。尽管分类的理由各有不同，但我们可以简单地认为：调整平等主体之间的各种关系，允许当事人意思自治的法律规范属于私法范畴；调整不平等主体之间的各种关系，且以国家权力为后盾的法律规范属于公法的范畴。总之公法的目的在于维护国家秩序、社会秩序；私法的存在在于激发行为人的积极性，推动社会生产力的发展，推动国家经济、文化、社会等领域的发展与完善。

1. 属于公法范畴的法律关系，如果法律没有规定，则应该按照"法无明文规定不处罚"处理

处罚属于国家权力的范围，国家权力属于法律规定的范围。只有在法律规定或授权的范围内，国家才可以依法行政、依法司法、依法监督。如《中华人民共和国刑法》（以下简称《刑法》）第三条①的规定，体现的就是法无明文规定不为罪，法无明文规定不处罚原则。

2012 年 10 月 24 日一张民办幼儿园老师双手拎着男童双耳，致使男童双脚离地的照片引发了网民的热议。事件曝光后，当事老师颜某立即被幼儿园辞退，并被公安机关以寻衅滋事罪刑事拘留。但是温岭市公安局提请温岭市检察院批捕时，检察院不同意。因为根据当时我国《刑法》的规定，没有关于虐待被看护人的罪名。如果以寻衅滋事罪、故意伤害罪追究其刑事责任，孩子的伤势又没有达到轻伤的标准，不能入刑；如果定虐待罪，法律规定虐待罪的主体必须是家庭成员，幼儿园老师不符合法律规定的主体的要求。最终，温岭市检察院坚持了罪刑法定原则，顶住舆论压力，对该老师做出不批准逮捕的决定。温岭市公安局经过深入侦查之后，认为颜某确实不构成犯罪，做出撤销案件、依法行政拘留 15 天的决定。行政拘留 15 天后，颜某被依法释放。而相关刑事立法直到 2015 年才出台，2015 年《刑法（修正案

---

① 《刑法》第三条规定，法律明文规定为犯罪行为的，依照法律定罪处刑；法律没有明文规定为犯罪行为的，不得定罪处刑。

九）》第二百六十条第一款规定了虐待被监护、看护人罪。①

2. 属于私法调整范畴的法律关系，如果法律没有规定，则应该按照"法无明文禁止即自由"处理

权利的行使取决于权利主体意愿，因此权利可以放弃；义务是义务人被动接受的，因此不管义务人是否愿意，义务不可免除。私法建立在尊重当事人意愿的基础之上，因此只要行为人的行为不违背法律强制性的规定，即是不违法的行为。私法之所以这样规定，目的在于激发行为人积极参与社会变革，推动社会发展的积极性。例如，1990年英国宣布第一头克隆羊"多莉"诞生。这标志着人类无性繁殖技术的提高与成熟，不仅为医学领域的人体自身器官移植提供可能，也为农业的发展开辟新的前景。显然，法律不禁止人类对科学的探索、研究，法律甚至鼓励、提倡公民科研、探索、发明、创造等活动。由于人类无法精准地预测科学研究的深度与广度、发明创造的后果，因此法律不可能禁止人类对自然的探索与开发。反过来，为了鼓励人类积极探索自然、认识自然，一般认为法不禁止即自由。然而，自由也是有限度的，一旦科学研究突破了法律的底线、踩到道德的红线，那么这种行为必定会被法律禁止，甚至严惩。例如，2018年年底，南方科技大学教师贺建奎宣布，一对经过基因编辑的双胞胎女婴在中国健康诞生。由于这对双胞胎的基因经过编辑、修改，因此她们出生后即有艾滋病抗体。② 事件一经公布立即引发学术界和社会公众的诸多争议

---

① 虐待被监护、看护人罪是指对未成年人、老年人、患病的人、残疾人等负有监护、看护职责的人虐待被监护、看护的人，情节恶劣的，处三年以下有期徒刑或者拘役。

② 付强，阮晓，张炜. 贺建奎现身，亲口承认"基因编辑婴儿"已出生［EB/OL］. 中国新闻网，2018-11-28.

与指责。正如"多莉羊"诞生后不久，世界各主要国家不约而同宣布：禁止克隆人。因为一旦克隆人，可能会引发人类社会伦理问题，如克隆人是不是自然人，克隆人能否作为工具使用，克隆人能否作为研究对象和医疗工具对待等伦理难题。同理，编辑婴儿基因也涉及医学伦理问题。经过医学伦理鉴定之后，2019 年 12 月 30 日，深圳市南山区人民法院一审认定贺建奎编辑人类胚胎基因的行为构成非法行医罪，依据我国刑法第三百三十六条①的规定，判处贺建奎有期徒刑三年，并处罚金人民币 300 万元②。

为了更好地调整社会关系，维护社会秩序，立法者应该与时俱进，尽快在新的社会关系领域中制定相关法律规则，以便更好地调整社会关系。在公法领域内，立法者应该谨慎立法：既不能过多干预，挫伤公民积极性；也不能完全不管，当"甩手掌柜"，要在适当的时候出台相应的规章制度，以稳定社会秩序，维护人民利益。例如，阿里巴巴刚刚在中国出现的时候，国家对其政策基本上是扶持、引导；当网络电商甚嚣尘上，网络矛盾纠纷开始显现的时候，国家及时出台《中华人民共和国电子商务法》予以引导。这样既鼓励新兴事物的发展、壮大，同时又能有效调整相关法律关系，保证电子商务的健康发展。因此在私法领域应该注重引导当事人理性行为，合理行使权利，使行

---

① 《刑法》第三百三十六条规定，未取得医生执业资格的人非法行医，情节严重的，处三年以下有期徒刑、拘役或者管制，并处或者单处罚金；严重损害就诊人身体健康的，处三年以上十年以下有期徒刑，并处罚金；造成就诊人死亡的，处十年以上有期徒刑，并处罚金。未取得医生执业资格的人擅自为他人进行节育复通手术、假节育手术、终止妊娠手术或者摘取宫内节育器，情节严重的，处三年以下有期徒刑、拘役或者管制，并处或者单处罚金；严重损害就诊人身体健康的，处三年以上十年以下有期徒刑，并处罚金；造成就诊人死亡的，处十年以上有期徒刑，并处罚金。

② 基因编辑婴儿事件 [EB/OL]. 搜狗网，2019-02-21.

为人的行为不突破法律的底线，不触及伦理道德的红线。

3. 一般情况按照法不溯及既往处理，特殊情况下有条件溯及既往

法律溯及力是指法律颁布之后，对于法律颁布之前的行为有没有法律约束力的问题。通常来说，如果国家制定了新法，应该按照法不溯及既往原则处理。之所以这样规定，是因为人们只能按照现有的法律规定作为或者不作为，没有义务遵守未来的法律。因为人们根本不知道未来法律的规定，让他们遵守未知的法律，简直就是匪夷所思，强人所难。当然司法实践中法不溯及既往也不是绝对的。如我国《中华人民共和国立法法》（以下简称《立法法》）第九十三条①规定，为了更好地保护当事人的合法权利，如果新颁布的法律对公民更加有利，可以溯及既往。

2013 年 10 月 30 日，湖北省黄石市的蒋先生与曾女士的第二个孩子出生了。13 天后，也就是 2013 年 11 月 12 日，党的十八届三中全会表决通过"单独二孩"政策②，蒋、曾夫妻刚好符合这一政策。孩子出生五天左右，黄石市卫生和计划生育委员会（现改为"卫生健康委员会"，以下简称"卫计委"）的工作人员上门调查，此后 2014 年、2015 年也曾经上门进行了调查，但都没有对此事做出处罚决定。2014 年 3 月 27 日，《湖北省人口与计划生育条例》修订并获得通过，规定"单独"可申请生育二胎。同日湖北省卫计委下发《省卫生与计划生育委员会关于启动实施单独两孩政策的通知》，进一步明确"单独"可以生二胎。然而黄石市黄石港卫计局最终还是认定蒋先生夫妻超

---

① 《立法法》第九十三条规定，法律、行政法规、地方性法规、自治条例和单行条例、规章不溯及既往，但为了更好地保护公民、法人和其他组织的权利和利益而作的特别规定除外。

② "单独二胎"是指夫妻双方一方为独生子女的，可以生育第二个子女。

生，违反了 2009 年修订的《湖北省人口与计划生育条例》，并于 2015 年 6 月 29 日做出《征收社会抚养费决定书》，决定对其征收社会抚养费 96120 元。蒋先生夫妻对此不服，认为自己的行为最多是"抢跑"，抢在新法颁布之前超生的行为不应该征收社会抚养费，因此将黄石市黄石港卫计局告上法庭。

黄石港人民法院审理案件后认为：本案中两位原告作为具体行政行为的相对人的超生行为发生在新法规实施以前，被告做出的具体行政行为在新法规实施以后。这种情况下法院对行政行为的合法性审查一般从程序问题与实体法问题两方面进行。程序问题按照新的程序法规定进行；实体问题则按照从旧兼从轻的原则进行，也就是实体法的审查一般采用旧法，即法不溯及既往处理；但是如果适用新法规对保护行政相对人权益更有利的，则应适用对具体行政行为相对人更加有利的新法。2014 年 3 月底修订出台的《湖北省人口与计划生育条例》虽然对新旧法规的衔接与适用没有做出明确规定，包括没有对"单独夫妇"二胎"抢跑"的情形做出追征的规定，但是考虑到被告黄石市黄石港卫计局做出征收决定的时间是在新法规实施之后，参照有条件溯及既往的规定——从旧兼从轻原则和行政诉讼法中的谦抑性原则，法院认为适用新法显然对保护两原告的权益更为有利，因此法院裁决原告胜诉，"二胎抢跑"行为免征社会抚养费①。

---

① 孙丁玲. 湖北抢生二孩家庭起诉卫计局　要求不缴抚养费胜诉［EB/OL］. 环球网，2016-08-19.

第三章

宪法法律至上与宪法法律至上思维

古希腊著名的思想家、哲学家、教育家苏格拉底因为主张无神论和言论自由，被希腊当局判决死刑。苏格拉底的学生认为这个判决不正义，因此费尽苦心，打通所有的关节，帮助苏格拉底越狱，但遭到了苏格拉底的拒绝。苏格拉底认为"恶法亦法"。最终为了维护法律的权威，苏格拉底付出了生命的代价。而苏格拉底学生（柏拉图）的学生亚里士多德也因为"不敬神"被攻击。但与苏格拉底不同的是：亚里士多德认为"恶法非法"，因此他不接受审判，而是选择了逃亡。究竟是"恶法非法"合理，还是"恶法亦法"合理，引发了后人激烈的争论，但不可否认的是，苏格拉底用自己的生命证明了：法律只有被遵守才具有权威。现实也证明只有树立了法律的权威，才能保证国家秩序与社会正义的存在。

公民的权利与义务由宪法与法律规定，宪法通过明确规定国家权力范围来保障公民的基本权利与基本义务。国家权力、公民基本权利与义务的具体规定由宪法分配与安排；而根据宪法制定出来的各种法律，则在各自规定的范围内，调整公民的其他权利与义务。因此宪法法律至上思维是我国法治思维的核心内涵。

一、宪法法律至上思维的内涵

宪法的内容体现了党和人民的共同意志，因此宪法是国家法律体系中处于基础地位的根本法。全体公民、法人、非法人组织都必须以宪法规定为根本活动准则。法律包括宪法在内是国家立法机关按照严格的立法程序制定，由国家强制力保证全体成员遵守的行为规范的总和。从广义的角度来看，我国的法律包括成文法、不成文法、中国参加的国际条约（保留条款除外）以及中国接受的国际惯例等；狭义的法律则是指以宪法为制定依据，包括宪法在内的其他法律、法规、规章、条例。其中宪法具有至高无上的地位，如宪法明确规定，凡是与宪法相抵触的法律一律无效。宪法和法律是维护最广大人民群众根本利益、确保国家长治久安的重要保障。宪法法律至上实际上就是要求公民严格遵守宪法、法律规定；严格遵循宪法法律的要求办事，时刻维护宪法法律的尊严和权威。

宪法法律至上思维就是要求公民、法人、非法人组织遇到问题、解决问题时，要首先考虑是否符合宪法和法律的规定；任何组织和个人都不得超越宪法和法律规定的范围，否则要承担相应的法律责任。

二、宪法法律至上思维的基本要求

宪法法律至上思维包含三方面意思。一是指宪法至上是宪法法律至上的核心；二是指公民、法人、非法人组织、国家机关及其工作人员等要严格按照宪法、法律的规定办事；三是指凡是违反宪法、法律的行为一概无效，必要的时候还要承担不利的法律责任。

（一）宪法至上是宪法法律至上思维的核心

党的十八大以来，党中央极度重视宪法在治国理政中的特殊地位和作用，把依宪治国摆在全面依法治国的首要位置。例如，2014 年全国人大常委会决定每年的 12 月 4 日为国家宪法日；2015 年全国人大常委会审议并通过了《关于实行宪法宣誓制度的决定》，决定国家机关工作人员就职时实行宪法宣誓制度；2017 年党的十九大报告第一次提出"合宪性审查"；等等。这一系列措施，不仅大大提高了宪法在普通老百姓中间的知名度，而且有利于公民树立宪法地位至高无上的观念。

1. 宪法是治国安邦的总章程

首先，宪法规定了我国基本政治制度，明确了国家权力属于人民。人民是公民中的一部分，是积极推动国家、社会发展的大多数人。我国宪法明确规定中华人民共和国的一切权力属于人民，人民是国家宪法的唯一制定主体。我国宪法第二条第二款还规定了人民可以通过各种途径和形式行使权力，管理国家事务，管理经济和文化事业，管理社会事务；一切国家机关和工作人员必须经常同人民保持密切联系，倾听人民的意见和建议，接受人民的监督，努力为人民服务。

其次，宪法规定了各个国家机关的权力范围、彼此之间的关系。如《中华人民共和国宪法》（以下简称《宪法》）第五十七条规定全国人民代表大会及其常务委员会是我国最高权力机关；《宪法》第六十二条①、六十三条②规定全国人大不仅有立法权，而且有选举、罢免国家主要领导人，组建中央人民政府的权力。

最后，宪法规定了其与其他法律、法规、规章之间的关系。《宪法》第五条③规定我国实行依法治国，要求一切法律、法规都必须以宪法为制定依据；凡是与宪法规定相矛盾的法律、法规，自始无效。

2015年10月的一天，骑着悬挂湖州牌照电动自行车上下班的潘某经过杭州市某交叉路口时，被执勤的交警拦了下来。原来依据《杭州市道路交通安全管理条例》（以下简称《条例》）的规定，悬挂外地车牌的电动自行车禁止在杭州市内行驶。因此交警扣留了潘某的电动车，并强行将电动自行车托运回湖州，费用自理。潘某认为交警的

---

① 《宪法》第六十二条规定：全国人大有（一）修改宪法；（二）监督宪法的实施；（三）制定和修改刑事、民事、国家机构的和其他的基本法律；（四）选举中华人民共和国主席、副主席；（五）根据中华人民共和国主席的提名，决定国务院总理的人选；根据国务院总理的提名，决定国务院副总理、国务委员、各部部长、各委员会主任、审计长、秘书长的人选；（六）选举中央军事委员会主席；根据中央军事委员会主席的提名，决定中央军事委员会其他组成人员的人选；（七）选举国家监察委员会主任；（八）选举最高人民法院院长；（九）选举最高人民检察院检察长；（十）审查和批准国民经济和社会发展计划和计划执行情况的报告；（十一）审查和批准国家的预算和预算执行情况的报告；（十二）改变或者撤销全国人民代表大会常务委员会不适当的决定；（十三）批准省、自治区和直辖市的建置；（十四）决定特别行政区的设立及其制度；（十五）决定战争和和平的问题；（十六）应当由最高国家权力机关行使的其他职权。

② 《宪法》第六十三条规定：全国人民代表大会有权罢免下列人员：（一）中华人民共和国主席、副主席；（二）国务院总理、副总理、国务委员、各部部长、各委员会主任、审计长、秘书长；（三）中央军事委员会主席和中央军事委员会其他组成人员；（四）国家监察委员会主任；（五）最高人民法院院长；（六）最高人民检察院检察长。

③ 《宪法》第五条规定：中华人民共和国实行依法治国，建设社会主义法治国家。国家维护社会主义法制的统一和尊严。一切法律、行政法规和地方性法规都不得同宪法相抵触。一切国家机关和武装力量、各政党和各社会团体、各企业事业组织都必须遵守宪法和法律。一切违反宪法和法律的行为，必须予以追究。任何组织或者个人都不得有超越宪法和法律的特权。

做法有问题。扣留电动自行车并托运回原籍的做法属于行政强制措施，尽管地方性法规有规定，但是这个规定不符合《中华人民共和国行政强制法》（以下简称《行政强制法》）的规定（《行政强制法》没有相关规定）。《条例》是杭州市人大制定的地方性法规，法律效力位阶较低；《行政强制法》是全国人大常委会制定的，法律效力比地方人大制定的地方性法规要高。按照下位法遵循上位法原则，《条例》关于查扣电动自行车的规定是无效的。因此 2016 年 4 月潘某给全国人大常委会写信，认为杭州市人大制定的《杭州市道路交通安全管理条例》中的某些规定违反了《行政强制法》，请求全国人大常委会根据宪法的授权，启动合法性审查程序，撤销该条例中与《行政强制法》相抵触的行政强制措施。

全国人大常委会法工委接到潘某的来信后，要求杭州市人大常委会答复、反馈。在对相关机关的反馈意见进行认真审查研究后，全国人大常委会法工委认为，《条例》中确实存在违背《行政强制法》规定的问题，因此再次函告杭州市人大常委会，要求杭州市人大常委会在审慎研究的基础上对条例的具体规定进行相应修改，使之不违反《行政强制法》的规定。杭州市人大常委会立刻责成有关单位对审查建议进行深入研究，并将《条例》的修改列入 2017 年立法计划之中。2017 年 6 月，杭州市人大常委会表决通过了修改条例的决定。新条例删除了由行政行为相对人自行托运电动自行车回原籍的规定，并规定只有相对人拒绝接受罚款，才能扣留违规电动自行车。① 可能潘某自己都没有想到，当初的举动居然启动了我国首例因具体事件而启动的

---

① 杨维汉、陈菲. 一辆电动自行车牵动全国人大常委会［EB/OL］. 新华网，2017-02-26.

规范性文件备案审查制度。该制度是当前我国保证和维护国家法律、法规统一，保证宪法和法律正确实施的有效方式之一，也是全国人大常委会监督宪法和法律实施的重要手段和有效途径。

近五年来，全国人大常委会通过规范性文件备案审查制度，认真履行宪法和法律赋予的职责，审查了1000多件针对各类规范性文件的审查建议①。正是公民、全国人大常委会、地方人大常委会在宪法与法律框架内的良性互动，使立法者可以制定适当的法律、法规以规范公民、法人、非法人组织权利和国家机关及其工作人员的权力，切实保障公民、法人、非法人组织的合法权益。

最后，宪法规定了中央与地方的上下级关系。根据宪法第三条的规定，我国的国家机关实行少数服从多数的民主集中制原则；全国人大代表和地方人大代表都由选民采取直接或者间接的选举方式民主选举产生；国家机关均由人民代表大会民主选举产生，对人大负责，接受人大的监督；中央人民政府与地方人民政府的关系是领导与被领导的关系：中央领导地方，地方服从中央的统一领导，并在中央人民政府许可的范围内，充分发挥地方政府的主观能动性，尽力展现地方特色与体现地方优势。

2. 宪法是公民权利的保障书

因宪法在法律体系中的特殊地位，其对公民基本权利与基本义务的确认和保障直接影响到其他法律对公民具体权利与义务的确认和保障。公民权利只有得到宪法和法律的确认和保障，才不容易被公共权力侵犯。换个角度来看，公民权利即便遭受公权力的侵犯，如果法律

① 邢丙银. 备案审查制 公民潘洪斌：他的一封信推动一部地方法规修改 [EB/OL].
搜狐网，2017-12-22.

有明确规定，公民也可以通过法律规定的方法申请救济。因此宪法对公民基本权利的保障不仅不可或缺，而且至关重要。例如，我国法律禁止人体器官买卖、禁止克隆人、禁止编辑人类基因的规定均体现了国家尊重和保障人权。

我国宪法规定公民的生命权、健康权、人格尊严受宪法保护；同时宪法也赋予公民有科学研究的自由。但是宪法第四十七条①明确规定，只有能推动国家、社会发展，且对人类有益的发明、创造才有科学研究的自由。因此我国宪法赋予公民科研活动权利与自由的目的，首先，是更好地为人民服务，满足人民日益增长的对美好生活向往的愿望，提高人民的精神文化、物质生活水平；其次，从权利位阶的角度来看，体现了公民的生命健康权、人格尊严比公民科研自由权更加重要，应该处于宪法和法律优先保护的地位。因此研究人体器官移植可以，但是严禁人体器官买卖、克隆人、基因编辑的行为。这些行为不仅侵犯人类的生命健康、人格尊严，甚至可能威胁整个人类的存续、繁衍，法律应该予以严厉制裁。

3. 宪法是公权力的"紧箍咒"

一方面，宪法规定一切权力属于人民，由人民选举代表组建最高权力机关——全国人民代表大会管理国家事务；另一方面，又根据宪法规定，将手中的权力让渡了一部分给人民选举出来的国家行政机关及其工作人员行使，因此国家机关及其工作人员手中的权力受到了人民授权范围、大小、多少的限制。即便这样，为了更好地防止国家机

---

① 《宪法》第四十七条规定：中华人民共和国公民有进行科学研究、文学艺术创作和其他文化活动的自由。国家对于从事教育、科学、技术、文学、艺术和其他文化事业的公民的有益于人民的创造性工作，给以鼓励和帮助。

关及其工作人员滥用权力，宪法还设定了多项制度，分解国家机关的权力，避免权力过分集中，以免权大压法，失去法律的控制。如我国《宪法》规定，中央领导地方，地方政府的权力由中央政府授予；地方政府在自己的权限范围内，依照法律的规定制定地方性法规，但不能与上位法相冲突，否则无效。

4. 自然人、法人、非法人组织违背宪法规定的行为一概无效

宪法至上体现在宪法的执行、宪法的适用、宪法的遵守等多个环节。无论哪一个环节，任何人做出的违背宪法规定的行为一律无效。据《三湘都市报》2004 年 5 月 17 日报道：2003 年，湖南省益阳市南县人民法院因审理一起行政诉讼案件的需要，要求该县移动通信营业部提供某通信用户的电话详单，结果该营业部以《中华人民共和国电信条例》（以下简称《电信条例》）第六十六条①的规定为由，拒绝按要求提供电话详单。南县人民法院据此对该营业部处以 3 万元罚款。被处罚人不服，就人民法院是否有权检查移动通信用户通信资料的问题，请求湖南省人大法工委解答。湖南省人大法工委认为法院的处罚决定是错误的。根据《中华人民共和国宪法》第四十条②规定，手机电话清单只有国家安全机关和公安机关追查刑事犯罪的时候才有权要求电信部门提供，法院没有权力要求通信部门提供手机通话清单。湖南省人大法工委将该案处理意见报请全国人大法工委批复。全国人大

---

① 《电信条例》第六十六条规定："电信用户依法使用电信的自由和通信秘密受法律保护。除因国家安全或者追查刑事犯罪的需要，由公安机关、国家安全机关或者人民检察院依照法律规定的程序对电信内容进行检查外，任何组织或者个人不得以任何理由对电信内容进行检查。"

② 《宪法》第四十条规定："中华人民共和国公民的通信自由和通信秘密受法律的保护。除因国家安全或者追查刑事犯罪的需要，由公安机关或者检察机关依照法律规定的程序对通信进行检查外，任何组织或者个人不得以任何理由侵犯公民的通信自由和通信秘密。"

法工委也认为湖南省益阳市南县人民法院的行为违反了宪法的规定，其做出的处罚决定无效。全国人大法工委的意见公布后，相关法院认识到了自己的行为违反宪法规定。

（二）任何公民、法人、非法人组织均要严格按照宪法、法律的规定办事

宪法法律至上首先要求一切国家机关、政党和社会团体、国家武装力量、企事业单位和公民个人，都必须严格按照宪法和法律规定的精神办事，任何人都不得凌驾于宪法和法律之上，享有超越于宪法和法律之上的法外特权，以树立法律的权威和尊严①。

1. 任何公民、法人、社会团体，一切国家机关、政党等都要有合法性思维，且不能背离立法原意

首先，要有合法性思维。例如，1996 年 2 月底，北京科技大学1994 级本科生田永补考时夹带（随身携带与考试内容相关的纸条），被认定是考试作弊。根据北京科技大学内部文件规定，学校决定对他做退学处理。随后学校填发了学籍变动通知，但是退学决定、学籍变动通知均没有直接向田永本人宣布、送达，也没有通知田永办理退学手续。田永继续以该校学生的身份正常参加学习及学校组织的各项活动，直到 1998 年 6 月临近毕业，才发现自己早就被北科大退学了。田永认为北京科技大学的行为侵犯了自己的合法权益，于是向法院提起行政诉讼，请求法院确认北京科技大学拒绝给其颁发毕业证、学位证的行为违法。一审法院审理查明：

第一，北科大制定的第 068 号文件的规定不符合 1990 年国家教育委员会第 7 号令《普通高等学校学生管理规定》（以下简称《规定》）

---

① 池海平. 论法律至上［J］. 河北法学，2002（3）：6-9.

第二十九条的规定。北科大第068号文件规定，学生作弊，学校将按照退学处理。然而按照《规定》第二十九条①规定，学生只有学业成绩不合格、未在法定时间内完成学业、休学期满未申请复学或者不符合复学要求、患有疾病无法继续在校学习、一年内无故旷课超过学年总学时三分之一等五种情况，学校才可以按照退学处理。考试作弊不属于学校退学处理的法定范围，因此北科大无权对田永做退学处理。

第二，北科大所做关于田永的退学决定程序违法。根据《规定》第三十一②、三十二③、六十四④、六十五⑤条的规定，只有校长会议才有权决定学生是否退学；学校的退学决定书应当及时送交学生本人，同时还要报省级教育行政部门备案；学生如果对处分决定有异议，

---

① 《普通高等学校学生管理规定》第二十九条规定，学生有下列情形之一者，应予退学：（一）一学期或连同以前各学期考试成绩不合格课程有三门主要课程或四门（含四门）以上课程不合格者；（二）实行学分制的学校，不及格课程学分达到退学规定学分数者；（三）连续留、降级或留、降级累计超过两次者；（四）不论何种原因，在校学习时间超过其学制两年者；（五）休学期满不办理复学手续者；（六）复学经复查不合格不准复学者；（七）经学校动员，因病该休学而不休学，且在一学年内缺课超过该学年总学时三分之一者；（八）经过指定医院就诊，患有精神病、癫痫病等疾病者；（九）意外伤残不能再坚持学习者。

② 《普通高等学校学生管理规定》第三十一条规定：对退学的学生学校审批。

③ 《普通高等学校学生管理规定》第三十二条规定：学生退学的善后问题，按下列规定办理。（一）退学和因各种原因处理离校的学生，回家长或抚养人所在地落户；入学前是在职职工的，参加工作后的工龄与入学前的工龄合并计算；（二）经诊断为精神病等不符合体检标准之疾病（包括意外致残）者，由家长或抚养人负责领回；（三）退学的学生发给退学证明，并根据学习年限发给肄业证书和退学证明。

④ 《普通高等学校学生管理规定》第六十四条规定，对犯错误的学生，要热情帮助，严格要求。处理时要持慎重态度，坚持调查研究，实事求是，善于将思想认识问题政治立场问题相区别，处分要适当。处理结论要同本人见面，允许本人申辩、申诉和保留不同意见。对本人的申诉，学校有责任进行复查。

⑤ 《普通高等学校学生管理规定》第六十五条规定，对学生作出勒令退学、开除学籍的处分，由学校审批，报省、自治区、直辖市主管高教部门备案，其中因政治问题而勒令退学、开除学籍处分的，须报经省、自治区、直辖市党委有关部门同意，由省、自治区、直辖市主管高教部门审批。勒令退学、开除学籍的学生，其善后问题按照退学学生的有关规定处理。

有权利书面向学校申诉；也可以向省级教育行政主管部门书面申诉。向学校申诉的，学校应当复查，并且应当尽早告诉学生复查结论；如果确有必要改变原处分部门决定的，由学校重新研究决定。向省级教育行政主管部门申诉的，相关部门应当在法定时间内予以处理和答复。本案中，北科大对田永做了退学处理，但退学决定从未告知田永，也从未通知田永办理退学手续，甚至还继续收取了田永的相关费用，例如学费、住宿费；并且正常进行学籍注册、发放大学生补助津贴、安排毕业实习设计、参加毕业论文答辩等。北科大的行为都充分说明，田永根本不知道，也不可能知道自己被学校退学，从而根本想不到如果对学校的退学决定不服，需要到学校或者省级教育行政主管部门申诉。因此一审法院裁定北科大拒绝给原告颁发毕业证、学位证的行为，从实体到程序均违反相关法律的规定。北科大不服一审判决，提起上诉。二审法院认为一审法院判决事实清楚、证据确实充分，适用法律正确且程序合法，裁定驳回上诉维持原判。

其次，司法者司法、执法者执法时不能背离立法原意。

1987 年天津市中院审理的"荷花女案"是关于侵犯死者名誉引发的案件。1987 年 4 月至 6 月，《今晚报》配图连载了魏锡林写的小说《荷花女》。该小说人物以吉文贞为原型，使用吉文贞的真名和艺名，小说内容一部分写实，另一部分虚构（主要关于吉文贞生活作风、道德品质等方面的情节）。陈秀琴（吉文贞的母亲）认为小说损害了吉文贞的名誉，要求报社停载。《今晚报》不仅拒绝了陈秀琴的要求，而且在同年 8 月召开的小说笔会上，授予该小说荣誉奖。此后双方多次协商，均不欢而散。协商无果之下，1987 年 6 月陈秀琴以魏锡林和《今晚报》为共同被告，请求天津市中级人民法院裁决两被告停止侵害，消除影响，恢复名誉，赔偿损失。天津中院一审依据最高人民法院关于该案的答复①支持了原告诉求；最终天津高院二审在认定一审判决合法的基础上，调解结案②。

"荷花女案"是我国内地首例确认、保护死者名誉权的案件，开启了保护死者人格利益的先河。最高人民法院就是依据 1986 年颁布实施的《中华人民共和国民法通则》第九条③（《中华人民共和国民法典》第十三条）的立法宗旨与原意，给天津中院的答复。

同样都是保护死者的人格利益，不同的是，立法者为了凸显法律对革命烈士人格利益的特别保护，以促进社会各界尊崇英烈，扬善抑恶，达到在全社会弘扬社会主义核心价值观的目的，2017 年《中华人民共和国民法总则》第一百八十五条（《中华人民共和国民法典》第一百八十五条）规定，英雄烈士等的姓名、肖像、名誉、荣誉不仅受法律严格保护，而且英雄烈士的名誉权一旦被侵犯，任何人都可以提起诉讼，且不受代际的限制。因此司法者司法时、执法者执法时不能机械照搬、照抄法律条文，要考虑立法者的立法意图，准确理解立法者立法用意，避免出现不必要的争议。

---

① 最高人民法院 1989 年《关于死亡人的名誉权应受法律保护的函》认为："吉文贞（艺名荷花女）死亡后，其名誉权应依法保护，其母陈秀琴亦有权向人民法院提起诉讼。"

② 吴玉萍. 陈秀琴诉魏锡林、《今晚报》社名誉权纠纷案——中国死者名誉权保护"第一案"[EB/OL]. 牡丹江铁路运输法院网，2018-10-30.

③ 《中华人民共和国民法通则》第九条规定：公民从出生时起到死亡时止，具有民事权利能力，依法享有民事权利，承担民事义务。

2. 立法者立法要科学、民主、高效，遵守法律保留原则

（1）立法要科学、民主、高效。立法科学、合理与否是宪法法律至上原则的前提和基础。立法者只有恪守以民为本、立法为民的理念，坚定不移地把公正、公平、公开原则贯穿立法全过程，广泛征求社会各界意见，才能制定出充分反映人民群众意愿的法律，才能使每一项立法活动都符合宪法精神、体现人民意志、满足社会发展需求。

首先，全国人大、全国人大常委会要加强立法工作的领导、组织与协调。例如，完善立法建议征求与咨询机制；打造、稳定基层单位立法联系点；激发人大代表在立法中的能动作用；探索、构建、完善第三方起草法律、法规草案制度等。

其次，畅通立法机关和社会公众之间的信息沟通机制。各级人大应该千方百计拓宽社会各界参与立法协商的渠道，及时公开立法信息和广泛征求立法意见，尤其是要完善立法论证专家咨询机制，确保制定的法律能充分反映民意，立法内容能够满足社会需要，努力提高立法质量与水平。

例如从中华人民共和国成立到现在，我们曾经先后四次启动修订《中华人民共和国民法典》（以下简称《民法典》）的工作。1954 年、1962 年、1979 年因为各种原因没有获得实际成果。改革开放之后，随着经济、社会的迅猛发展，立法机关开始按照"成熟一个通过一个"的立法工作思路，决定先制定民事单行法，条件成熟后再制定《民法典》。① 2002 年 12 月，全国人大常委会又一次启动《民法典》的修订工作，首次审议《民法典（草案）》，但因为涉及的内容复杂、体系

---

① 徐隽. 中国民法典出台举步维艰：曾四次启动立法至今未完成 [N]. 人民日报，2014-10-08.

过于庞大，加上学术界的观点分歧较大，最终全国人大常委会决定暂停《民法典》的修订，又回到原来的立法工作思路上。直至2020年5月28日，全国人大表决通过《民法典》，决定于2021年1月1日正式实施。

从1954年到2020年，60多年的时间充分反映了我国社会各界对《民法典》修订工作的高度重视与谨慎。之所以这么谨慎，原因在于《民法典》涉及范围广泛，我们又想制定出一部能充分反映各方民意，满足社会各方需要的，科学、合理、绿色的《民法典》。

再次，完善法律草案表决程序。为提高立法效率，对于涉及国计民生的重要、紧迫的法律或者法规可以单独表决，先行实施；对于时机尚不成熟的法律、法规可以列入立法计划，待时机成熟，逐步推行。

最后，完善法律体系。完善的法律体系是依法治国的前提，尽快出台有关公民权利、市场经济、民主政治、文化、保障改进民生和推进社会治理、国家安全、生态环境等领域法律、法规，使我国的法律规定更加科学、合理，法律体系更完善，更有利于全面推进依法治国。

（2）立法机关要严格遵守法律保留原则。法律保留原则实际上就是法律专属原则。具体而言就是指只能由法律规定的内容，其他机关不能制定相关规定，除非法律另有规定或者在法律明确授权的情况下，行政机关才能在法律规定或者授权的范围内制定行政规章、部门规章等规范性文件。设立法律保留原则的目的在于严格禁止行政机关在没有法律授权的情况下，对公民的个人自由、财产权等涉及公民基本人权的重要事项予以干涉和侵犯，最大限度地限制公权力，保护私权利。

我国《立法法》中有关于法律保留的明确规定。《立法法》第八条①明确规定了有 11 项内容只能由全国人大及其常委会以制定法律的形式予以规定，其他任何机关未经授权不得立法，否则相关立法无效。

1999 年沈阳市颁布的《沈阳市行人与机动车道路交通事故处理办法》（以下简称《办法》）中规定：行人过马路不走人行道，从而与机动车发生交通事故的，如果机动车没有违章，行人则需要负全部责任。这就是首次以法规形式规定的"撞了白撞"。2000 年我国《立法法》颁布实施。按照《立法法》第八条的规定，制定关于处理交通事故民事损害赔偿的法律规则，属于全国人民代表大会及其常务委员会的立法权限，地方法规或者地方政府规章无权规定属于法律规定的事项。换句话说，沈阳市相关部门没有资格制定该《办法》。2005 年，沈阳市交管部门向市人大提议废止了该《办法》，饱受争议的《沈阳市行人与机动车道路交通事故处理办法》实施六年后终于被废止。

3. 司法者要依法司法，遵守法律适用规则

（1）裁决案件要以事实为依据、以法律为准绳。1984 年，长年患病的夏某被医院诊断患有肝腹水。1987 年夏某病情加重，昏迷不醒。在其子王某再三恳求之下，主治医生蒲某开了超剂量的复方冬眠灵（氯丙嗪），由护士给夏某注射，随后夏某死去。不久案发，汉中市检

---

① 《立法法》第八条规定，下列事项只能制定法律：国家主权的事项；各级人民代表大会、人民政府、人民法院和人民检察院的产生、组织和职权；民族区域自治制度、特别行政区制度、基层群众自治制度；犯罪和刑罚；对公民政治权利的剥夺、限制人身自由的强制措施和处罚；税种的设立、税率的确定和税收征收管理等税收基本制度；对非国有财产的征收、征用；民事基本制度；基本经济制度以及财政、海关、金融和外贸的基本制度；诉讼和仲裁制度；必须由全国人民代表大会及其常务委员会制定法律的其他事项。

察院以蒲某、王某故意杀人为由向汉中市中院提起公诉，要求追究两人的刑事责任。

1990年3月15日，汉中市中院一审开庭公开审理该案。因为当时的刑法（包括现在）对安乐死问题没有规定，因此一审期间，陕西省高院将该案作为疑难案件报请最高人民法院解答。最高人民法院批复认为："安乐死"的定性问题有待我国未来立法解决，本案目前可以依照刑法第十条（1979年《刑法》①）的规定处理。据此1991年4月6日陕西省汉中市人民法院一审以情节显著轻微，危害不大，不认为是犯罪，判决两被告人无罪。汉中市检察院认为量刑过轻，提起抗诉。汉中地区中级人民法院二审裁定维持原判。"蒲王案"是中华人民共和国成立以来第一例"安乐死"的案件，司法者本着"法无明文规定不为罪""法无明文规定不处罚"的"罪刑法定"原则处理该案，体现了依法司法原则与精神。

（2）遵守法律适用规则。法律适用原则是指不同立法机关制定的法律，针对同一个问题的规定发生冲突时，相关部门如何适用法律的问题。法律规定发生"打架"，一般情况下按照"新法优于旧法、上位法优于下位法、特别法优于一般法、法不溯及既往"处理；法律如果有特别规定的按照特别规定处理。

第一是"新法优于旧法"。法律的规定总要适应时代发展的变化，旧法一旦不能跟上时代发展的要求，必然要对旧法修改或者制定新法

---

① 1979年《刑法》第十条规定：一切危害国家主权、领土完整和安全，分裂国家、颠覆人民民主专政的政权和推翻社会主义制度，破坏社会秩序和经济秩序，侵犯国有财产或者劳动群众集体所有的财产，侵犯公民私人所有的财产，侵犯公民的人身权利、民主权利和其他权利，以及其他危害社会的行为，依照法律应当受刑罚处罚的，都是犯罪，但是情节显著轻微危害不大的，不认为是犯罪。

取而代之。因此当新法与旧法在同一个问题上规定不一样时，应当以新法为主。例如，1986 年颁布实施的《中华人民共和国民法通则》（以下简称《民法通则》）规定，从年龄的角度来看，限制民事行为能力人是指 10 周岁以下的未成年人；而 2017 年实施的《中华人民共和国民法总则》（以下简称《民法总则》）却将限制民事行为能力人的年龄下调了两岁。之所以下调限制民事行为能力的年龄，原因在于：随着生活水平的提高，互联网、多媒体、广播、电视的影响，未成年人的身体包括生理和心智等，跟过去相比发育得更快；加上我国相关法律规定，6 周岁必须接受九年制义务教育，因此 8 周岁的孩子对外界事物、自身行为已经有了基本概念和一定的判断标准，所以法律应该赋予他们一定的行为能力资格。因此《民法总则》调低限制民事行为能力人的年龄，体现了新法与时俱进的特点。因此一旦《民法总则》的规定与《民法通则》的规定不一致时，应该以《民法总则》为准。同理，当 2021 年《民法典》正式实施后，《民法总则》完成历史使命，也将退出历史舞台。

第二是"上位法优于下位法"。《立法法》第八十七条①、第八十八条②、第八十九条③、第九十一条④规定了不同法律之间的效力等级。上位法之所以优于下位法主要原因是上位法是上级机关制定的，

---

① 《立法法》第八十七条规定：宪法具有最高的法律效力，一切法律、行政法规、地方性法规、自治条例和单行条例、规章都不得同宪法相抵触。

② 《立法法》第八十八条规定：法律的效力高于行政法规、地方性法规、规章。行政法规的效力高于地方性法规、规章。

③ 《立法法》第八十九条规定：地方性法规的效力高于本级和下级地方政府规章。省、自治区的人民政府制定的规章的效力高于本行政区域内的设区的市、自治州的人民政府制定的规章。

④ 《立法法》第九十一条规定：部门规章之间、部门规章与地方政府规章之间具有同等效力，在各自的权限范围内施行。

下位法是下级机关制定的。在我国，除了上下级人民法院之间是指导与被指导、监督与被监督的关系外，其他上下级国家机关之间的关系是隶属关系，是领导与被领导的关系。因此上级机关制定的法律效力优于下级机关制定的法律效力。

第三是"特别法优于一般法"。特别法之所以特别是因为它针对特定的人、特定的事，或者在特定时间、特定地区内适用。特别法因为具有针对性，因此往往比一般法规定得更加具体、详细。例如，《婚姻法》是专门调整婚姻家庭领域的法律关系的法律，对婚姻家庭关系的规定非常具体、详细；而《民法总则》调整的是平等民事主体之间的一般人身关系与一般财产关系，包括婚姻家庭关系在内。因此《婚姻法》跟《民法总则》相比就属于特别法。正是因为《民法总则》规定的内容太多，范围太广，所以不可能对婚姻关系规定得特别严密、细致、具体，因此法院处理婚姻家庭关系时，往往适用的不是《民法总则》而是《婚姻法》。

第四是国际法的法律效力优于国内法的法律效力。国际法的法律表现形式主要是国际条约、国际惯例。我国在加入国际条约，接受国际条约的约束之前，通常需要审查国际条约与国内法的规定是否一致，也会权衡如果国际条约的规定与国内法规定不一样可能产生的后果。如果审查发现国际条约的规定与我国国内法规定不一样，我国仍然选择加入或者接受条约，实际上从另一个侧面表明我国愿意承受国际条约的约束，甚至愿意为此修改与之相抵触的国内法。因此当国际法与国内法对同一个问题都有规定，但规定不一致的时候，国际法的法律效力要优于国内法的法律效力。例如，《民法通则》第一百四十二条①明确规定，在民商事法律关系中，国内立法与我国加入的国际条约规定不一致的，应当优先适用国际条约。由于国际惯例是不成文法，我国是成文法国家，因此只有中国参加的国际条约、中国制定的国内法都没有规定的时候，才会考虑国际惯例。目前我国立法中仅仅规定了在民商事领域中，国际条约的法律效力优于国内法，其他领域没有明确规定，司法实践中，应该具体情况具体分析。例如，我国加入或接受的国际条约如果与宪法相抵触的话，一般认为我国宪法的法律效力优先。

第五是"法不溯及既往"。对于法律颁布之前的行为，法律没有约束力。因为人们无法预见未来法律的规定。但是"法不溯及既往"也不是绝对的，如《刑法》采用的是"从旧兼从轻原则"。新刑法的规定比旧刑法更有利于被告人（犯罪嫌疑人）时，适用新刑法。这样做主要是出于人权保护考虑。例如，1999年"厦门远华走私案"②涉案金额高达500亿，主犯赖某案发后逃往加拿大。直至2012年中国与加拿大签订引渡条约，赖某才归案。按照1997年的刑法规定，他一定是死刑；2012年刑法修改后，赖某被判处有期徒刑12年。

第六是特殊规定。地方性法规是地方人大制定的规范性文件；部门规章是国务院各部委制定的规范性文件。我国《立法法》规定，如

---

① 《民法通则》第一百四十二条规定：涉外民事关系的法律适用，依照本章的规定确定。中华人民共和国缔结或者参加的国际条约同中华人民共和国的民事法律有不同规定的，适用国际条约的规定，但中华人民共和国声明保留的条款除外。中华人民共和国法律和中华人民共和国缔结或者参加的国际条约没有规定的，可以适用国际惯例。

② 厦门远华走私案［EB/OL］. 搜狗网，2020-05-18.

果地方性法规与部门规章对同一事项的规定不一致，不能确定如何适用时，则由国务院决定。国务院认为应当适用地方性法规的，直接适用地方性法规的规定；国务院认为应当适用部门规章的，则不能直接适用部门规章，而是应当提请全国人民代表大会常务委员会裁决。原因是国务院各部委的领导机关，在法律规定发生冲突时，领导机关直接采用下属机关的规定，难免有"既做运动员又做裁判员之嫌"。因此，最好报请全国人大常委会裁决，以示公平、公正。如果部门规章之间、部门规章与地方政府规章之间对同一事项的规定不一致时，则毫无疑问，都归国务院管，由国务院裁决。此外如果根据授权制定的法规与法律不一致，不能确定如何适用的，一律由全国人民代表大会常务委员会负责裁决。

4. 执法者应当依法执法，合理行政，不能突破法律的底线

立法者不可能预先知道任何可能发生的情况，因此立法者在立法时不可能完全应对所有可能发生的事件。为了应对各种可能出现的情况，同时又为了维护法律的稳定性，立法者往往在立法时赋予行政执法者一定的自由裁量权。但是执法者行使自由裁量权的时候不能滥用权力，突破法律的底线。例如，2012 年 12 月 8 日，合肥网友发帖称："今天九点开始，交警支队清网行动，所有违章可全部清除，不扣分只交罚款，但要学习 20 分钟。"① 这一消息得到了合肥市交警支队的认可。合肥市交警支队进一步解释说，对虽然被监控拍到，但是不能确定实际驾驶人的违章行为不予记分符合法律的规定。然而根据《中华人民共和国道路交通安全法》（以下简称《道路交通安全法》）第二十三条的规定，交管部门对违反《道路交通安全法》的机动车驾驶

---

① 合肥交警处理违章"罚款不扣分"[N].新京报，2012-12-10.

员的处罚包括行政处罚以及周期 12 个月的记分。显然合肥市交警支队的只罚款不扣分的行为破坏了规则和法制，不仅突破了法律的底线，而且可能会加剧交通秩序的混乱。

5. 公众应该自觉守法

守法一般有两种方式：一是消极守法，只要不违法就是守法；二是积极守法，不仅自己自觉遵守法律，而且敢于同违法犯罪行为做斗争。一般而言，公众只要做到消极守法就可以，但作为大学生，不仅要不违法，还应该敢于与违法犯罪行为做斗争，维护国家秩序、社会安定。如 2014 年 5 月 31 日，柳某、易某、谢某三人乘车去袁州区金瑞镇。半路上，1 名男子突然站起来，拿着菜刀，随意砍人。柳某在头部、肩膀被砍伤的情况下仍然冲上去，抓住该男子的手，将他按倒在地；易某则在被砍两刀，没力气的情况下招呼大家帮助柳某。最终柳某夺过歹徒的菜刀，制止了歹徒的暴力行为，有效防止了事态的进一步恶化，保护了车上更多乘客的生命安全①。假如有更多的公民，尤其是像柳某、易某那样的准大学生、大学生敢于与违法犯罪行为做斗争，那么有朝一日，中国可能将会成为全球社会秩序稳定、公民安全感最高的国家。

（三）违反宪法法律的行为一概无效，后果严重的还要承担不利的法律责任

2014 年 7 月 14 日，河南某学院大一的学生闫某暑假期间与朋友王某发现邻居家门口有鸟窝，鸟窝内有 12 只小鸟，于是二人掏了这窝小鸟。饲养的过程中跑了一只，死了一只。闫某将剩下的十只鸟通过朋友圈和 QQ 群卖给了他人。7 月 27 日，闫某和王某又到附近寻找鸟

---

① 刘帆. 柳艳兵 易政勇：夺刀少年［N］. 人民日报，2014-10-17.

窝，但这次就没那么幸运了，小鸟刚刚到手就被警察发现了。因涉嫌犯罪，两人被刑事拘留，不久被批准逮捕。原来，闫某、王某掏的并不是普通的小鸟，而是列入国家二级保护动物目录的燕隼。

根据《中华人民共和国刑法》第三百四十一条①规定，两级人民法院判定闫某和王某的行为构成非法收购、猎捕珍贵、濒危野生动物罪，且属于情节严重，判处闫某有期徒刑十年六个月，并处罚金一万元；王某有期徒刑十年，并处罚金五千元。

---

① 《刑法》第三百四十一条规定：非法出售国家重点保护野生动物及其制成品情节严重的，应当判处五年以上十年以下有期徒刑，并处罚金。

第四章

权力制约与权力制约思维

　　海南省高级人民法院原党组成员、副院长张家慧因严重违反党规党纪，且涉嫌违法犯罪，2019 年 11 月 30 日经海南省委批准，海南省纪委监委立案审查调查①。2019 年 12 月 11 日海南省监察委员会调查终结，决定开除张家慧党籍、公职，并经海南省人民检察院交办，移送海南省人民检察院第一分院审查起诉。

　　张家慧案发的导火索是张家慧被公开举报：身家至少 200 亿、丈夫刘远生名下公司及关联公司至少 35 家。海南省纪委监委的调查结果显示，张家慧 200 亿身家来自违规收受礼金，以及利用职务便利干预、插手司法活动，为他人谋取利益获得的。作为一名具有法学博士学位的国家司法工作人员，理应"铁肩担道义，妙手著文章"，但她却利用手中的司法权力谋取私人利益、聚财敛富。长此以往，必然破坏当地风清气正的政治环境、清清爽爽的同志关系、规规矩矩的上下级关系、干干净净的政商关系，最终损害社会的公平正义、扭曲依法治国的大政方针。因此要加强对权力运行的制约和监督，把权力关进制度

---

　　①　海南省高级人民法院原党组成员、副院长张家慧被开除党籍和公职［R/OL］. 中央纪委国家监委网，2019-11-30.

的笼子里，形成不敢腐的惩戒机制、不能腐的防范机制、不易腐的保障机制①。

一、权力与权力制约思维的内涵

在物质资源有限的早期人类社会，人类为了生存就得竞争。这种竞争有人类内部竞争也有人类与其他族类的外部竞争。只有拥有更多资源、更多财富的人才能在竞争中满足自己的需求。因此权力是导致某一阶层拥有更多优势资源的前提与保障。权力本身具有非常强的渗透性和扩张性，如果不对权力进行制约，必然导致国家关系紧张，社会矛盾激化。

（一）权力的内涵

权力，包括权位与势力，具体而言是指职责范围内的领导地位和支配力量。尽管不同的学科对权力内涵的解读不一样，但从本质上来看，都是指某个个体或某个群体为了更好地生存与发展，通过建立各种社会关系，利用各种资源与财富，影响和制约社会、他人意愿的能力。

权利是权力产生的前提。原始社会初期，为了生存，原始人集群而居。原始人群中的成员地位平等，共同生产、共同劳动、平均分配。在长期的生活、劳动、生产合作中，某些更有智慧、更聪明的个体慢慢地获得其他成员的信任；其他成员利用手中的权利，共同拥护他（她）成为原始人群的首领；首领手中有了权力，可以支配其他成员的行为，使原始人群内部秩序更加稳定、组织行为更加高效，提高了

---

① 内蒙古自治区中国特色社会主义理论体系研究中心. "笼子论"：把权力关进制度的笼子里 [N]. 内蒙古日报，2015-09-07.

生产力水平,原始社会慢慢进入氏族部落时期。

权力推动了人类社会发展。权力产生之初,目的是实现社会公益,维护人类社会正常、有序运转。有证据证明人类历史发展到一定阶段,如果没有这种支配力或影响力,往往容易陷入混乱。例如,原始社会后期,生产力有了进一步发展,产品出现了剩余,氏族部落之间开始交换剩余产品,在交换的过程中,负责交换的人手中有了特权,这种特权导致她(他)在交换中,只要留一点点剩余产品中饱私囊,她(他)的家人就比别人生活得更好。这样一来,出现氏族部落内部成员之间的贫富差距,导致阶级产生。长此以往,拥有权力的人尝到了甜头,不愿意手中的权力被别人拿走,进而采取各种手段(包括警察、监狱、军队等)保卫自己手中的权力,这样一来国家产生。因此权力在整个人类社会中客观上起到了维护社会秩序的重要作用。

(二)权力制约思维的内涵

当代社会,权力是指国家管理社会的权限范围。国家权力来源于宪法和法律的规定,是国家主权的重要组成部分。权力制约是对国家机关权力大小、行使的范围、行使的方式进行限制,使国家机关只能在法律授权的范围内行使,不能越权,更不能滥用权力。权力制约的最终目的还是保障公民的个人权利不受非法侵犯。

1. 权力制约的内涵

权力制约是对国家机关及其工作人员职务行为的监督与制约。国外权力制约的典范是美国的"三权分立"①。确立美国"三权分立"

---

① 美国三权分立是指:美国国会有立法权、美国总统有行政权、美国联邦最高法院有司法权。三权独立行使,彼此制衡。国会可以以弹劾等诸多形式限制总统;总统可以以"搁置否决权"等形式限制国会的权力;而联邦最高法院则可以通过违宪审查的形式限制国会的立法权和总统的行政权;总统对司法权的制约表现在联邦最高法院的人事任命方面。

制度的案件是"马伯里诉麦迪逊案"①。该案确认了美国最高法院有权对总统的职务行为进行司法审查的权力。换句话说，美国总统的权力受到了美国最高法院的限制。美国行政权、司法权、立法权三权分立的政治体制就此确立，彼此制约，互相制衡。

制约权力有利于国家稳定、社会安定。权力的拥有者可能随时利用手中的权力控制社会资源与财富，从而凌驾于其他社会成员之上，其他社会成员只能服从，否则将面临不利的后果。一旦掌权者滥用手中的权力，任意掠夺其他社会成员的合法权利，必然会使得国内矛盾激化，国家不稳定，社会不和谐。中国古代朝代政权更迭就是执政者专权擅断，民众暴力抗争导致的结果。

制约权力有利于实现社会公平、正义。公平，一般是指同等情况同等对待，特殊情况特别对待。从法律的角度来看，每一个公民法律地位平等，大家享有的权利平等，承担的义务平等，当然要适当照顾弱者。但是一旦掌权者滥用权力，就会打破权利、义务的天平，最终导致权利倾向掌权者，义务则落到被管理者身上。例如，奴隶社会中

---

① 马伯里诉麦迪逊案：1800年年底美国总统大选，时任美国第二任总统的亚当斯未获连任，败给了杰弗逊。在总统权力交接之前，亚当斯利用手中的总统权力及其由联邦党所控制的国会，对司法机构做了重大调整，并且迅速委任联邦党人出任联邦法官。1801年3月3日，亚当斯任美国总统的最后一天还忙着抓紧提名由联邦党人出任新调整的法官职位，这些新提名的法官在杰弗逊就任总统前两天获得由联邦党人控制的国会批准，因而这些法官被人们称为"午夜法官"。由于当时的交通和通信条件，仍有几位法官的委任状未能送出，其中就有马伯里的委任状。杰弗逊对亚当斯离任前的这些做法十分恼火，决心采取措施干预，首先就是停发尚未发出的法官委任状。以马伯里为首的几位已得到法官任命但未接到委任状的人对杰弗逊的做法当然不满，于是根据美国1789年9月24日通过的《司法法》第13条："美国最高法院具有受理针对美国官员的排他管辖权，可以针对美国政府官员下达强制令"向美国最高法院提起诉讼，请求最高法院对时任美国国务卿的麦迪逊下达法院强制令，强制他向马伯里等人发出委任状。美国最高法院大法官马歇尔经过慎重的研究，最终裁决驳回马伯里的请求。

奴隶主与奴隶权利与义务相分离的现象就是铁证。现代法治国家主张权利与义务对等，不能容忍权利与义务相分离的现象存在，因此必然要对权力进行制约，让权力在阳光下运转，保证权利与义务的对等，从而实现社会公平、公正。

制约权力有利于国家繁荣、昌盛。权力的本质是基于社会公共需要，合法侵犯其他成员的利益，或者按照自己的意愿处分公共产品的能力。但是因为权力与生俱来的强烈的渗透性与扩张性，掌权者有机会随时利用其控制的资源与财富凌驾于其他社会成员之上。一旦掌权者因一己私利，滥用这种支配权或者处分权，严重侵犯社会公众利益，结果必将导致社会关系紧张、社会矛盾激化，影响社会秩序的稳定。因此这种权力或者能力不能随意增加或者减损，应该对其进行必要的约束，尽量在法律允许的范围内行使。只有把权力关进制度的笼子，按照法律要求行使权力，才可能激发权力潜蕴的正当性，充分发挥权力的应有价值。

我国最高权力机关是全国人民代表大会，由人民直接或者间接选举代表组成。因此国家权力来源于人民权利，权力受权利限制、权利制约权力、权力服务权利。因此权力的行使是有边界的，不能超越权利赋予的范围。

2. 权力制约的方式

与外国的三权分立不同，监督是我国权力制约的主要方式。不同的分类，监督方式不同。从监督者与被监督者的关系来看，分为内部监督与外部监督。内部则包括国家最高权力机关对其他国家权力机关的监督以及国家机关彼此之间的监督；外部监督包括公民权利对国家权力的监督以及新闻舆论的监督等。从监督的主体来分，可以分为党内监督、人大监督、民主监督、行政监督、司法监督、审计监督、公民监督、新闻舆论监督等。

（1）党内监督。党内监督是加强执政党执政能力的重要保证。中国共产党是我国的执政党，坚决拥护党的领导是全面推进依法治国最根本的保证，也是加快建设社会主义法治国家的重要推力，更是法治思维的重要内容。截至2018年年底，我国现有党员9059.4万名①，其中不少党员还是社会各界的领导干部。在依法治国、依法执政理念指导之下，要求各级领导干部要对法律有敬畏之心，时刻牢记法律红线不可逾越，时刻警醒自己法律底线不可触碰。

党内监督是中国共产党党内各级组织和广大党员依据党章、党规、党纪和国家法律，监督党员、各级党员领导干部的职务活动。党内监督包括党组织的监督和党员相互间的监督。各级党组织不仅要严格监督党员干部的公务活动，而且对于违纪、违法的党员干部绝不姑息，一律严肃处理。发现党员违法乱纪，其他党员应该及时向党组织汇报，对违规、违纪的党员尽早采取有效措施，一是防止后果的恶化；二是对违规、违纪党员及时挽救，及时帮扶，避免其犯下更严重的错误。

（2）人大监督。人大监督是宪法和法律赋予各级人大和各级人大常委会的一项重要职权。与其他部门监督重点不同的是，各级人民代表大会主要监督国家机关及国家机关工作人员是否存在违反宪法、法律的行为，是否正确执行党和国家的方针、政策。人大监督的法律依据是2006年全国人大常委会制定的《中华人民共和国各级人民代表大

---

① 林晖. 中国共产党党员总量突破9000万！［EB/OL］. 新华网，2019-06-30.

会常务委员会监督法》①。该法全文共9章48条，全面系统地规定了人大监督工作的基本原则、主要内容、监督形式和具体程序，是人大开展监督工作的主要法律依据之一。宪法规定我国是实行人民民主专政的国家，只有让人民监督政府，政府才不敢松懈、不会懒政。因此充分发挥人民代表民主监督的职能，才能更好维护国家政治秩序的和谐稳定。

（3）民主监督。人民政协的职能除了政治协商、参政议政之外，还有民主监督的职能。民主党派通过批评、建议的方式监督执政党和国家机关及其工作人员的工作作风，协助执政党国家机关及其工作人员改进工作作风，提高工作效率。充分发挥民主党派的民主监督作用，首先，有利于改进国家机关及其工作人员的工作方式，提高工作效率，维护国家根本利益和公民切身合法权利；其次，有助于提高执政党治理国家的能力与水平，消除腐败、防止官僚主义、纠正不正之风。

（4）行政监督。行政监督是国家机关内部监督，主要是指上下级行政机关之间的层级监督。我国的国家行政机关上下级之间是领导与被领导的关系，上级机关有权监督下级机关及其工作人员的职务行为，一旦发现下级国家机关及其工作人员违背法律的规定，无权行政或者越权行政，上级行政机关可以采取相应的补救措施，纠正下级机关的违法行为。因此行政监督的直接目的是保证国家行政机关及其工

---

① 《中华人民共和国各级人民代表大会常务委员会监督法》规定各级人大及其常委会的监督主要包括以下七项：听取和审议人民政府、人民法院和人民检察院的专项工作报告，审查和批准决算，听取和审议国民经济和社会发展计划、预算的执行情况报告，听取和审议审计工作报告，法律法规实施情况的检查，规范性文件的备案审查，询问和质询，特定问题调查，撤职案的审议和决定。

作人员依法行政，合理行政；根本目的还是维护行政行为相对人的合法权益。事实证明，行政监督是制约权力的重要手段之一。完善的行政监督可以预防和及时纠正国家行政机关及其工作人员的违法行为，保证国家行政机关在法治的范围内有法必依、执法必严。

（5）司法监督。根据我国宪法和法律的规定，国家司法机关有权力对国家行政机关的职务行为进行监督。一旦发现国家机关及其工作人员职务行为违反法律规定或者超越法律授权的范围，司法机关可以用裁决的方式裁定相关机关行为违法，要求相关机关撤销或者重新做出新的行政行为；如果行政行为给行政相对人带来经济或者精神损失的，司法机关还可以要求行政机关赔偿、补偿行政相对人的经济损失或者赔礼道歉、消除影响。

司法监督包括两个方面：一是依法监督司法机关及其工作人员的司法活动是否合法、正当；二是依法监督行政机关及其工作人员的执法活动是否合法、合理。司法监督具体包括人民法院的审判监督、人民检察院的检察监督，以及在刑事诉讼中，公安机关的刑事审判监督。如宪法规定，公、检、法三部门在办理刑事案件中，分别独立行使侦查、检察、审判的职能，三部门彼此合作、互相监督、互相制约。

根据宪法和法律的规定，人民法院承担了刑事审判、民事审判、行政审判的功能。其中行政审判就是人民法院通过行政诉讼的方式监督行政机关是否依法行政、合理行政，以保证国家行政机关及其工作人员的行政行为在法律授权的范围内行使。

根据宪法及法律的规定，人民检察院除了在刑事公诉案件中承担公诉的职责外，主要承担监督职责，它是我国专门监督机关。人民检察院依法对其他国家机关守法和执法的情况进行监督。一旦发现其他国家机关存在违法犯罪行为，则要启动监督程序，及时打击违法犯罪，保护国家、社会和公民的合法权益。如截至 2020 年 3 月，全国检察机关共收到人民群众各类信访 971400 件，其中最高人民检察院收到各类信访 188755 件。本着应回尽回、能回尽回的原则，法定期限范围内信访答复率为 99.3%，大大提高了接受群众来访的效率与速度，完善了答复办理监督机制①。

公安机关性质比较特别，法律规定公安机关具有双重职能。一般情况下是公安机关和行政机关，履行维护社会秩序的职能；在刑事诉讼中，公安机关又承担侦查职能，是侦查机关。因此公安机关既是行政机关又是司法机关。公安机关的司法监督主要表现在刑事公诉案件中，监督人民检察院的审查起诉行为、人民法院的审判行为是否符合法律的规定。

（6）审计监督。审计监督是审计机关依法独立检查被审计单位的财务资料和资产，监督相关单位财务收支状况的行为。审计监督有利于遏制相关国家机关私设小金库、挪用资金等不法行为，对相关国家机关的财政收支有着重要的制约作用。如饱受诟病的"三公经费"②自国家强化审计监督之后，数额急剧下降，有效地杜绝国家机关、企事业单位铺张浪费。2018 年 6 月 20 日，刘昆（财政部部长）在向全国人大常委会提交的 2017 年中央决算报告中说，2017 年中央本级"三公"经费财政拨款支出合计 43.6 亿元，比预算数减少 17.87 亿元。

---

① 张璁. 检察机关一年收到信访九十七万件做到应回尽回、能回尽回 [N]. 人民日报，2020-05-15.

② 三公经费是指政府部门人员因公出国（境）经费、公务车购置及运行费、公务招待费产生的消费。

因此审计监督有利于国家行政机关合理利用资金，有利于树立廉洁政府的形象，营造风清气正的良好政治生态环境。

（7）公民监督。这是宪法赋予公民的一项基本政治权利，据此广大社会公众有权监督任何一个国家机关及其工作人员的职务活动。首先，公民监督最常见、最有效。公民是国家机关及其工作人员服务与管理的相对人，国家机关及其工作人员的职务行为合不合法、合不合理，相对人最有发言权。其次，公民的监督权来自宪法的规定。宪法赋予公民批评权、建议权、检举揭发权、申诉权、控告权等多种权利的目的在于：能及时发现国家机关及其工作人员行使职权时存在越权、滥用职权、徇私枉法、贪污腐化等问题；有利于党、国家有权机关及时采取制裁措施，防止问题的恶化与蔓延，避免更严重后果的出现。如 2009 年 10 月 10 日，南京市中院一审判决南京市江宁区房产管理局原局长周久耕犯受贿罪，判处有期徒刑 11 年，并处没收财产人民币 120 万元；没收赃款，上缴国库。周久耕贪腐案的导火线就是网友将周久耕开会时的照片上传到网上后，与周久耕同框出现的烟与表被网友人肉搜索后，发现是售价每条 1800 元左右的"九五之尊"和 25000 元左右的手表。① 这与周久耕的工资收入明显不匹配，周久耕由此进入反贪人员的视线，其违法犯罪行为最终被绳之以法。

（8）新闻媒体监督。又称为舆论监督，是各种新闻媒体、报纸杂志等利用广播、电视、报刊、互联网等多种形式，报道、评论、揭露、抨击国家机关及其工作人员的违法犯罪、腐败、渎职等行为。如 2001

---

① 溧检，崔洁，肖水金."天价烟局长"周久耕案的前前后后是是非非 [EB/OL]. 搜狐网，2009-10-20.

年7月17日，广西壮族自治区南丹县龙泉矿冶总厂拉甲坡矿发生特大透水事故，81名矿工在事故中丧生。但事故发生后，矿主不仅不采取积极措施抢救，反而与当地官员勾结，隐瞒事故真相。直到7月31日，人民网发表了郑盛丰组织采写的报道《广西南丹矿区事故扑朔迷离》（事后证据证明，这是第一篇有关拉甲坡矿矿难事故的报道），这起被隐瞒长达半个月之久的矿难才大白于天下。党中央、国务院依法严肃查处，81名死者及其家属的合法权益才依法得到保护①。

监督作为我国权力制约的重要手段，监督的主体越多，对国家机关及其工作人员的职务权力制约越有力；监督的方式、方法、途径越多，越有利于规范国家机关及其工作人员的职务行为。尤其是公民监督和新闻舆论监督的广度、深度，不仅有利于制约权力，而且能够充分反映公民法治思维的成熟与否，以及社会法治化水平的高低。

3. 权力制约思维的内涵

权力制约思维是指国家机关及其工作人员在职务活动中应该严格遵守宪法、法律的规定，使其能深刻认识到"法无授权不可为""法有授权必须为"，要求国家机关及其工作人员在履行职务的过程中必须依法行政，不得越权或者滥用职权。

二、权力制约思维的基本要求

（一）权力法定

国家机关及其工作人员的权力必须按照法律的规定行使，法律有

---

① 杜卓轩. 朱镕基批示人民日报《信息专报》南丹矿难报道首次曝光［EB/OL］. 人民网，2011-09-15.

规定的必须遵守，法律有禁止的不能违反；法律有规定的才可以做，法律没有授权的不可以做。

例如，2017 年 6 月 17 日，甲未经相关行政部门审批，在乙市丙区非法占地约 150 平方米建房。案涉建筑物为水泥框架结构，共一层，面积为 150 平方米。2017 年 6 月 23 日，乙市国土资源局向甲直接送达了《责令停止土地违法行为通知书》和《责令限期整改通知书》，要求原告甲自接到通知之日起 7 天内整改，恢复土地原貌，否则将予以处罚。2017 年 6 月 26 日，乙市国土资源局丙区分局向被告乙市丙区街道办事处发出《违法违规用地整改函》，请被告乙市丙区街道办对原告甲非法占用土地的行为督促当事人或组织人员在 15 日内依法整改，恢复土地原貌。2017 年 6 月 28 日上午，被告乙市丙区街道办事处按照乙市国土资源局丙区分局的要求，强制拆除了案涉建筑物。甲认为乙市丙区街道办事处的强拆行为违法，遂以乙市丙区街道办事处为被告向法院起诉，请求法院确认被告的强拆行为违法。庭审中，原告甲承认被拆房屋属于违章建筑；被告乙市丙区街道办事处也确认没有以自己的名义向原告甲做出并送达相关法律文书，亦未告知原告甲陈述、申辩等救济权利①。一方面本案的原告没有任何审批手续违规建房，属于违法行为；另一方面根据法律的规定，被告原本有资格强行拆除原告的违章建筑，但是本案的被告没有以自己的名义向原告做出并送达相关的法律文书，又没有根据《中华人民共和国行政强制法》第八条的规定，及时告知原告依法应当享有的权利，最终法院以被告

---

① 广东省博罗县人民法院行政判决书（2017）粤 1322 行初 311 号［EB/OL］. 中国裁判文书网，2020-02-27.

的强制拆除行为违反法定程序为由裁决确认被告的行政行为违法。

该案中，乙市丙区街道办事处及其工作人员违反法定程序的行为是导致案件最终败诉的唯一原因。除了国家行政机关要承担法律责任之外，直接责任人也要根据法律的规定承担相应的责任。这无疑是给其他国家机关及其工作人员的警告，告诫其他国家机关及其工作人员必须依法办事，否则必将面临不利的后果。

（二）合理行政

合理行政是国家机关及其工作人员在执行公务的活动中，实施的行政行为应该客观、适当、合乎常情、符合常理。包括三方面原则要求。

1. 公平、公正原则

要求国家机关及其工作人员在职务活动中，对待相对人要公平、公正、不歧视，同等情况，同等对待。如 2005 年重庆发生的一起车祸中，三名同班女同学同时死亡。根据 2003 年最高人民法院出台的司法解释，有关死亡赔偿的依据是以当年上一年度城镇人均可支配收入或者农村人均年纯收入为标准。这样一来，两名具有城镇户口的同学各获得 20 万的死亡赔偿金，一名农村户口的同学只获得了 5 万元的死亡赔偿金。这一结果公布后，关于"同命不同价"的热议引发全国范围的激烈讨论。最高人民法院当然有颁布司法解释的权力，但是有法律约束力的司法解释不能违背公平、公正原则。没过多久，最高院颁布新的司法解释，不再按照户口而是按照经常居住地的上一年度人均年收入作为赔偿依据。只要有证据证明相关人员的经常居住地（离开户籍所在地，在某地连续居住长达 1 年以上的地方，住院、公务、劳务派遣除外）为城市，尽管还是农村户口，还是按照城镇上一年度人均可支配收入计算，从而实现了"同命同价"。

2. 关联性原则

要求国家机关及其工作人员做出职务行为时，只能考虑与法律规范适用相关的因素，不考虑其他不相关的因素。例如，李某因出售未经有关部门检验的蛋糕，被某市场监督管理局根据《个体饮食业监督管理办法》的规定①，处以没收尚未出售的蛋糕、收缴违法所得590元、罚款1500元的处罚（理由是李某曾因伤害罪被判刑三年，一年前出狱）。根据相关法律的规定，该市场监督管理局对李某罚款1500元是法律规定的幅度范围，但是这一处罚的依据与李某违法销售蛋糕没有任何关系，违背了行为与处罚结果之间应该存在关联性的原则，因此该行政处罚行为不合理。

3. 谦抑性原则

要求国家机关及其工作人员的职务活动中采取的手段必须是必要的，在所有可选择手段中最温和、损失最小的手段；要求职务行为所带来的负担不能超过职务行为带来的公共福祉。因此该原则又称必要性原则。如2019年12月，临汾市洪洞县大槐树镇南营村开始对村民家中的炉台统一封禁，用水泥堵住炉膛、没收村民家中的煤炭以杜绝燃煤炉灶的使用，目的是防污染②。南营村村干部动机是好的，但显然方式、手段过于简单、粗暴，违背了谦抑性原则，应该予以改进，

---

① 《个体饮食业监督管理办法》规定，对此类违法行为，应予以警告、没收违禁食品和违法所得，并处以违法所得一倍以上五倍以下罚款；没有违法所得的，处以一万元以下罚款；情节严重的，可责令停业整顿或者吊销其营业执照。

② 于平. "水泥堵炉灶"："防污染"跟"保民生"得拿捏平衡 [N]. 新京报, 2019-12-20.

在"防污染"与"保民生"之间寻求一种合理平衡。2020年1月，安徽亳州一男子因违章停车被贴罚单后，在朋友圈吐槽"接个小孩停十分钟罚一百"，结果被公安局行政拘留①。只是发了一句牢骚就被行政拘留，这显然也违背了行政权力谦抑性原则。

（三）诚实守信

诚实守信是构建法治政府的前提与基础。首先，诚实守信要求政府说话算话，言出必行。如果政府不守诚信，必然影响政府威信。其次，政府应该说真话，凡是政府通过正常渠道公布的信息应当全面、准确、真实；凡是政府的行政决定，一经做出，不得随意更改、撤销；如果确实要更改、要撤销，也应该按照法定程序更改、撤销；因行政行为的更改、撤销给相对人造成损失的，政府还应该承担赔偿的责任。

2001年6月28日，中共丰县县委和丰县政府联合印发丰委发〔2001〕23号《关于印发丰县招商引资优惠政策的通知》（以下简称《23号通知》②），对引进外资项目的人员实行分类奖励。徐州康达环保水务有限公司是崔龙书引进并建成投产的，但丰县政府却拒不履行《23号通知》中的奖励承诺。无奈崔龙书将丰县人民政府告上法院，

① 莫一尘.吐槽"奶奶的腿"被拘：权威与谦抑是执法的两面［N］.新京报，2020-01-15.
② 丰委发〔2001〕23号《关于印发丰县招商引资优惠政策的通知》规定，引进资金用于工业生产和农业综合开发项目的，五年内，按纳税额的5%奖励引资人；引进资金用于高新技术项目或对我县经济发展有较大带动作用的项目，五年内，按纳税额的10%奖励给引资人；引进资金用于社会公益事业项目的，竣工后按引资额的1%奖励引资人。第30条规定，凡需要奖励的，引荐人须向县招商局等有关单位提出申请，由招商局牵头，会同县金融、财政、税务、审计等部门对其进行初审，并将初审意见上报县政府，县政府区别不同情况研究确定是否奖励、奖励标准及兑现方式等。附则还规定，本县新增固定资产投入300万元人民币以上者，可参照此政策执行。……本文由县体改委负责解释。

请求法院判决被告履行《23 号通知》的承诺。最终江苏省高院二审判决被告败诉，丰县人民政府应该兑现《23 号通知》的奖励义务①。

诚实守信不仅仅是对社会、公众的要求，更是对政府的要求，法治政府应当是诚信政府。本案中丰县政府的行为显然违背了诚信原则，如果不予以纠正，以后政府怎么能够做到取信于民？以后出台的措施，如何能得到老百姓的拥护？

（四）程序正当

程序正当要求行政机关应当依照法定程序做出行政行为，违反法定程序的行政行为应当撤销。

我国《行政处罚法》《行政许可法》《行政强制法》《行政复议法》和《行政诉讼法》等法律法规都明确规定国家行政机关及其工作人员的职务行为必须"程序正当"，按照法律规定的程序实施行政行为。但是"法定程序"应该做广义理解，不仅仅指成文法明文规定的程序，还应当包括不成文法中的原则要求。例如，政府应该行政公开、公开相关的信息、强化政府透明行政的同时，保障公民的知情权；做出重大决策前，政府应该充分听取公众的意见，尽量使做出的决策能兼顾绝大多数人的合法权益以及尽量使合法权益最大化；政府在做出对特定当事人可能不利的决定前，应当告诉当事人有申请召开听证会的权利，充分听取该当事人的陈述与申辩，尽量保证行政决定的合理与合法；等等。相对于实体而言，程序的演进过程更容易做到公开与透明，更容易经得起公众的质疑与检验，因此程序正当更容易得到保

---

① 中国审判案例数据库. 江苏省高级人民法院（2016）苏行终字第 90 号行政判决书［EB/OL］. 中国应用案例网，2017-03-29.

障；也只有保证程序正当才有可能实现实体正义。

2015年7月因涉嫌论文抄袭，博士学位被北京大学撤销的女博士于艳茹将北京大学告上法院，诉请法院裁决北京大学撤销其博士学位的决定违法。一审海淀区法院以被告程序违法为由，撤销了被告做出的决定。北京大学不服，提起上诉。二审法院北京市第一中级人民法院认为：正当程序原则是裁决争端的最基本原则与最低公正标准，即使法律中没有明确具体的程序规定，行政机关也应自觉遵守最基本的程序。二审法院认为北京大学在做出不利于原告于艳茹决定之前，没有给予于艳茹充分的陈述和申辩的机会，是违反正当程序原则的行为，因此二审裁决驳回上诉，维持原判①。

（五）高效便民

高效便民要求政府不仅要坚决杜绝行政不作为和行政乱作为，还要特别强调遵守法定期限的重要性。禁止政府行为随意超越法定期限或者不合理拖延，因为迟来的正义不仅不是正义，甚至还有可能导致出现更大的悲剧。

2000年5月20日早上8点半，一头下山觅食的野生羚牛闯进刘永昌家。它不仅把刘永昌顶倒在地，而且堵住门口，导致刘永昌的妻子周某也被困在屋里。附近村民报警之后，当地有关部门工作人员赶到现场，实施营救。根据当时我国《野生动物保护法》第十六条②的明

---

① 最高人民法院新闻局. 北大博士于艳茹诉北京大学撤销博士学位决定案［R/OL］. 中国法院网，2018-01-03.

② 《野生动物保护法》第十六条规定：禁止猎捕、杀害国家重点保护野生动物。因科学研究、驯养繁殖、展览或者其他特殊情况，需要捕捉、捕捞国家一级保护野生动物的，必须由国务院野生动物行政主管部门批准。

确规定，野生羚牛属于国家一级保护动物，需要国务院主管部门批准才可以猎杀。因此到场的工作人员不敢立即射杀该羚牛，而是向有关部门逐级请示，直到下午 4 时 20 分羚牛被击毙，中间耽搁了将近 9 个小时。由于耽误了宝贵的营救时间，刘永昌早在羚牛击毙前就已经死亡；其妻周某也因为伤重不治死亡①。如果相关部门能简化冗长的审批手续或者简政放权、特事特办，及时采取措施，刘永昌及其妻子也不至于最终丧命。

（六）权责一致

权责一致是法律赋予政府在履行管理职责的过程中有相应的执法手段，以保证政令有效，但同时要求政府违法或者不当行使职权时要依法承担法律责任。例如，苏某去世前留下遗嘱，将自己名下的房屋留给女儿古某及其子女沙甲、沙乙、沙丙。苏某去世后，马鞍山市人民政府发布征地方案公告，将该房屋征收。在实施征迁的过程中，不知道出于什么原因，古某本人没有领取安置补偿款，而是由她的丈夫代领。2012 年年初，该房屋被拆除。后来，古某及其三个子女均认为马鞍山市花山区人民政府在本次农民集体土地征收中存在以下违法行为：一是花山区人民政府未公开征求被征收土地所有权人的意见，未告知原权利人具体补偿标准；二是原告古某的丈夫是受胁迫在补偿表上签字，不是本人真实意思表示；三是案涉房屋拆除之前双方未达成拆迁安置或者拆迁补偿协议，被告也没有告知原告具体拆迁时间；四是被告的突然拆迁导致原告屋内的财产来不及清点与搬离。因此原告

---

① 查庆九. 牛角尖顶出法治难题——从陕西野生羚牛伤人案说起 [N]. 法制日报，2001-12-23.

认为花山区人民政府的行政行为违法，侵犯了原告的合法财产权，请求人民法院判令被告赔偿因暴力拆迁而带来的各项经济损失。安徽省高级人民法院审理查明后，认为被告在征地过程中的行为确实有违法律的规定，判决被告赔偿原告等四人房屋内物品损失八万元①。

本案中马鞍山市花山区人民政府根据安徽省人民政府的批复、马鞍山市人民政府的公告，有实施房屋征收的权力，但因为违反法律的规定给相对人的财产带来损害，以致承担败诉、赔偿的后果。该案例体现了国家机关有权力必有责任，只能在法律规定的范围内行使权力，保证权责一致。

（七）权利制约权力

权利制约权力要求国家机关行使职权时，不得侵犯法律赋予公民的权利及利益。根据法律的规定，公民的权利除非公民自愿放弃，否则任何其他公民、法人、国家机关如果实施了侵犯公民合法权利的行为，公民有权利通过司法、行政等方式寻求救济，追究责任人的法律责任。因此权利制约权力的前提是公民知道自己享有哪些法律权利。加强公民教育、培养公民意识是权利制约权力的重要途径。

1. 加强公民教育

公民教育的目的是使公民能认识到自己依法享有的权利与应当承担的义务，在自身权利被侵犯时，能通过合法的途径维护自己的权益。这是权利制约权力的前提条件。

公民是指具有某国国籍，依据该国宪法，享有从事管理社会、国

---

① 最高人民法院. 2017 年最高人民法院 91 号指导案例：沙明保等诉马鞍山市花山区人民政府房屋强制拆除行政赔偿案［R/OL］. 中国法院网，2017-11-24.

家等公共事务的权利并能承担相应义务的人，因此国籍是公民与国家联系的法律纽带。

国籍对公民、对国家都非常重要。首先，国籍标志着一个人的身份。具有某国国籍，意味着这个人享有该国宪法赋予的政治权利，如选举权、被选举权；居住在国外，合法权利被该国侵犯，用尽当地救济，权利仍然得不到保护时，可以要求国籍国行使外交保护的权利；当发生战争或者发生严重灾难时，有权要求本国接其回国。当然反过来，公民应该对国家效忠，如纳税和服兵役等。其次，国籍对国家而言也很重要，关系国家的重大利益。关于国籍的立法是国家主权的体现；国籍是国家行使属人管辖权的依据；也是战争时期确定本国居民、外国人身份的标志，同时还是确定人口的标准。

由于各种原因关于国籍取得的法律规定各国可能不一样，但归纳起来一共有三种。一种是原始取得，即基于出生而取得某国国籍。但是不同国家对于原始取得国籍的法律规定不同，有的国家采用血统主义，以父母的国籍确定子女国籍；有的国家采用出生地主张，子女在哪里出生，就获得哪里的国籍。单纯采用一种国籍取得原则可能会出现无国籍或多重国籍的现象。例如，实施血统主义国家的父母，到实施出生地主义国家去生孩子，这个孩子基于血统主义主张，可以获得父母的国籍，还可以基于出生地国家法律的许可，获得出生地国家的国籍，这样一来，他一出生具有多重国籍；反过来，出生地主义国家的父母到血统主义国家生孩子，这个孩子一出生就面临没有国籍的问题。

多重国籍对个人有好处，关键时刻他可以获得多个国家的保护；但对国家没好处，一旦需要公民效忠，他可能因为有其他国家的国籍，因而想方设法拒绝承担相应的义务。例如，前秘鲁总统滕森具有秘鲁与日本双重国籍，2000 年因涉嫌秘鲁国家总统贿选，他利用到国外参加国际会议的机会去了日本。到日本后宣布自己拥有日本国籍，在日本居住。日本政府一方面承认了滕森拥有日本国籍，另一方面拒绝秘鲁政府的引渡请求。因此，站在国家利益的角度来看，公民不应该拥有多重国籍。但是无国籍无论是对公民还是对国家均没有好处。对公民而言，关键时期得不到国家的保护；对于国家而言，国家生死存亡之际，没有公民效忠。因此国际社会一致认为应该消除多重国籍和无国籍的现象。解决国籍冲突最好的办法就是采用混合主义：要么以出生地主义为主兼采血统主义，要么以血统主义为主兼采出生地主义，尽量避免多重国籍或者无国籍的人出现。混合主义的出现是历史发展的必然结果。

除了出生获得国籍之外，还有一种国籍取得方式，是根据当事人的意愿、根据相关国家法律的规定取得某国国籍，又称为继有取得。继有取得国籍的形式有自愿申请入籍，基于婚姻、收养、认领等事实入籍，等等。

尽管法律规定每个公民享有管理社会、国家等事务活动的政治权利；尽管可能每个适格的公民都具有实在的或潜在的从事管理社会和国家等事务活动的政治能力，但公民天生并不知道自己有这些权利，以及有从事这些管理活动的能力。因此政府有教育公民了解、学习、从事管理社会和国家等事务活动的责任，以及帮助公民发现、培养从事这些活动能力的义务，以引导公民按照法律的要求行使公民权利，承担公民义务。

2. 培养公民意识

公民教育的核心内容是培养公民意识。公民意识是社会意识的一种存在形式，是在现代法治思维下形成的民众意识。包括参与意识①、监督意识②、责任意识③、规则意识④。

公民意识教育包括人格意识教育、自由意识教育、责任意识教育和规则意识教育四种。人格意识教育使公民意识到自己是理性的、有独立人格的、能独立思考的人；自由意识教育使公民养成平等和公正的观念意识并且逐渐内化为公民心中永存的信念；责任意识教育使公民认识到行使公民权利是一种职责，不能推诿、懈怠；规则意识教育使公民自觉遵守规则，严格依法办事。公民意识教育的核心内容是规则意识，目的在于树立宪法信仰，维护宪法权威，遵守宪法原则。

我们国家采取了很多办法培养公民意识。例如，2015 年 4 月 15 日是我国首个全民国家安全教育日。在党和国家有意识地引导、教育、激励之下，经过五年的潜移默化，广大人民群众的国家安全意识不断加强，通过各种渠道主动反映国家安全问题的公民越来越多，国家安全教育取得了丰硕的成果。为了鼓励公民维护国家主要安全，2020 年 4 月 15 日，国家安全机关从众多主动反映危害国家安全行为的举报人中，精神表彰和物质（现金）奖励了 17 个有重大贡献的人和 59 个有重要贡献的人，以鼓励更多的公民参与维护国家安全的行动。国家安

---

① 参与意识主要是指公民作为政治共同体的成员，具有积极参与（包括直接参与和间接参与）公权力行使的主人意识，实质上也是一种践行权利的意识。

② 监督意识是权利制约权力机制的思想保障，国家权力受到人民的监督是人民主权原则的核心所在。

③ 责任意识是指公民履行与自己的公民身份相适应的义务，公民在遇到有关国家政治和社会利益的问题时，必须自觉维护公共利益，摒弃个人或小团体利益（如纳税）。

④ 规则意识是指依据明确的规则来协调各种相冲突的意志和行为。

全机关与广大人民群众一起共同构建维护国家安全的钢铁长城①。

总之公民教育的目的在于强化公民权利意识，使公民敢于指出国家行政机关及其工作人员职务行为中的违法行为；让公民能够通过法律的途径，按照法律规定的程序维护自己的合法权利；通过正当的方式维护国家、民族利益。

_____

① 张清. 国家安全机关对为维护国家安全作出贡献的举报人进行表彰奖励［N］. 天津日报，2020-04-18.

第五章

公平正义与公平正义思维

1880 年丧偶的佛兰西斯·帕尔默立了一份遗嘱，将他的财产大部分留给孙子埃尔默·帕尔默继承，极少部分留给两个女儿。1882 年他决定再婚，婚前男女双方约定：如果佛兰西斯·帕尔默先死，则女方可以管理所有财产直至去世。因为祖父再婚，再加上婚前协议的订立，导致埃尔默非常担心祖父早晚会更改遗嘱，最终自己将得不到祖父的任何遗产，因此埃尔默密谋杀害祖父，谋取祖父的遗产。1882 年埃尔默杀害了祖父，但是不久案发，埃尔默最终被判处了有期徒刑。埃尔默的两个姑姑状告埃尔默，理由是埃尔默因为遗产谋杀被继承人，法律应当剥夺其继承遗产的权利，并且要求遗嘱执行人将佛兰西斯·帕尔默的遗产交给她们处置。但当时纽约州的法律没有关于遗嘱继承人谋杀立遗嘱人将会丧失继承权的规定。因此案件审理过程中，承办法官之间对法律适用发生了重大分歧。有的法官认为既然法律没有规定，那就不应该剥夺被告的继承权，法院应该裁决驳回原告的起诉；有的法官认为被告故意杀害自己的祖父，手段恶劣，令人发指，理应接受法律的制裁。最终主审法官厄尔认为：任何人不能从自己的违法犯罪中获得利益。如果任何人可以从自己的违法犯罪中获得利益，从某个角度来看，是鼓励人们为了利益不择手段，显然不符合立法者的立法原意，违背公平正义法律原则。纽约州最高法院最终判决剥夺埃尔默的遗嘱继承权，遗产交给埃尔默的两个姑姑处理。

为了维护法律的稳定性，法律的制定、修改有严格的程序，这导致立法者制定的法律因为受立法当时各种主客观条件的限制，相对于时代的快速发展可能显得比较滞后，因此现有的法律规定可能解决不了社会生活的所有问题，体现在司法实践中，就是法官有时候会遇到无法可依的情况。为了更好地解决该问题，立法者、司法者一致认为，当法律没有明确规定时法官可以依据法律原则裁决案件。在"埃尔默案"中，厄尔法官裁决案件的依据就是公平正义原则。

一、公平正义与公平正义思维的内涵

（一）公平正义的内涵

公平正义包含两个方面：一是公平；二是正义。公平侧重的是社会个体之间的法律地位平等，所有的社会个体享有平等的权利，承担平等的义务。具体在现实生活中，就是按照一定的标准，平等对待社会的每一个社会成员。例如，父母子女之间的关系是抚养与被抚养、赡养与被赡养的关系。有能力的父母有抚养、照顾未成年子女的义务；成年的子女必须承担赡养年老体弱、没有劳动能力、没有经济来源的父母的义务。权利与义务的对等性，反映了社会的公平，也体现了社会正义。正义是指每个社会成员所做的任何一件事情都应该符合时代需要的社会道德的一般标准，包括社会正义、政治正义和法律正义。换而言之，公平正义是人类社会文明进步与否的重要标志；是衡量国家或社会文明发展先进与否的评判标准；是现代国家孜孜不倦、梦寐以求的理想与目标。

第一，公平与正义之间是辩证统一关系。公平是正义的基础，只有建立在公平基础上的正义，才有实现的可能。但只有公平不一定能实现正义，如中国民间盛行"杀人偿命、欠债还钱"天经地义，但现实生活中，这种"公平"不一定正义。

首先，建立在正义基础上的杀人不需偿命。2018年9月某日傍晚，犯罪嫌疑人许某某醉酒外出遇见周某某（女），趁四周无人之际意图强奸周某某。周某某在反抗过程中，因勒住许某某脖颈导致其窒息死亡。案发后，周某某到公安机关主动投案自首。2018年11月，公安机关以周某某涉嫌过失致人死亡罪移送检察机关审查起诉。铜陵市检察机关经严格把关，上报最高人民检察院，最终认定周某某系正当防卫，遂做出不起诉决定①。该案之所以认定为正当防卫，在于许某某的不法侵害行为在前，周某某的防卫行为在后；事后周某某又主动投案自首。因此周某某的行为没有危害国家、社会，符合刑法规定的正当防卫。对于许某某的死亡，周某某作为一名普通人，无法精确计算防卫行为的后果。因此本案中周某某的行为尽管导致许某某死亡，但不需要承担刑事责任。铜陵市检察院不起诉周某某的决定体现了对正当防卫行为的鼓励，鼓励社会公众勇于与不法行为做斗争，维护社会的公平正义。因此作为社会的正义，必须建立在公平的基础之上。

其次，债务人欠债不一定必须还钱。现行法律明确规定，非法债务不需要清偿，合法债务如果符合法律规定的条件，说不定以后也不

---

① 韩震震. 2019安徽检察典型案例：女子反杀施暴者被认定为正当防卫［EB/OL］. 人民网，2020-01-09.

需要还了。根据 2015 年《最高人民法院关于人民法院审理借贷案件的若干意见》第十一条①的规定，如果债务人借钱是为了赌博、放高利贷等从事违法、犯罪活动的，法律不予保护。也就是说债权人明知道债务人借钱是为了从事非法活动仍然借给他钱的，事后债务人不还钱，债权人的债权请求得不到法院的支持。2019 年 7 月，最高人民法院和国家发改委等多个部门联合印发《加快完善市场主体退出制度改革方案》，着手研究建立个人破产制度。我国一旦建立起个人破产制度，未来清偿债务将以（债务人）破产人现有财产为限，不足的部分不予清偿；同一个债务人有多个债权人的，除优先权外，债权人的债权只能按比例受偿，不可能完全实现。个人破产制度实际上体现的是公平、正义。债权人与债务人作为市场经济主体之一，法律地位平等，权利与义务对等，那么风险与收益就应该并存，凭什么债权人只要出借了资金就可以躺着数钱，债务人到死就一定要承担债务？这有悖市场经济发展的规律。因此个人破产制度对借贷双方而言，更公平正义，这将会倒逼债权人谨慎出借资金，谨慎行使自己的权利。总之债权人"躺着赚钱"的年代一去不返。

第二，公平正义是人类文明进步的重要标志，也是衡量国家或社会文明发展的标尺。只有国家、社会坚持公平正义，才能实现社会秩序和谐稳定、人际关系和睦。

首先，公平正义是中国特色社会主义的本质要求。邓小平同志曾经指出：社会主义的本质，是解放生产力，发展生产力，消灭剥削，消除两极分化，最终达到共同富裕。精准地说明了社会主义发展的终

---

①　《最高人民法院关于人民法院审理借贷案件的若干意见》第十一条规定，出借人明知借款人是为了进行非法活动而借款的，其借贷关系不予保护。

极目标是消除贫困、消除两极分化，实现共同富裕、实现社会公平正义。

其次，公平正义是习近平新时代中国特色社会主义理论的必然要求。习近平总书记在党的十九大上指出，坚定不移走中国特色社会主义道路，发展中国特色社会主义的总任务是实现社会主义现代化和中华民族伟大复兴，全面建成小康社会；坚持人民为中心的发展思想，不断促进人的全面发展，解决人民日益增长的对美好生活的需要和不平衡、不充分发展之间的矛盾，实现全体人民共同富裕。显然习近平新时代中国特色社会主义理论归根到底还是要求以人为本，通过促进个人的全面发展来达到全面建成小康社会，最终达到实现全体人民共同富裕、实现社会公平正义的目的。

再次，公平正义是体现国家治理体系与治理能力现代化的重要标志。国家治理体系的现代化表现在党、国家、社会各项事务治理制度化、规范化、程序化等方面，使国家、社会等各项活动在法治的范围内有条不紊地进行。国家治理能力的现代化是对执政党提出的要求，要求执政党民主执政、依法执政的水平与时俱进，及时解决新时代、新形势下的新问题。实际上国家治理能力现代化就是提高国家机构履行职能的能力与效率。我国的执政党是中国共产党，代表最广大人民群众的根本意志，因此我国要提升执政党的执政能力与执政水平最终还是要依靠广大人民群众依法管理国家事务、经济社会文化事务以及自身事务的能力的提升。人民群众依法管理国家、社会、文化事务的前提又建立在社会公平正义的基础之上。只有公平才能保证人民群众享有均等的机会参与国家、社会治理；只有参加国家、社会的治理，人民群众才能感受到什么是当家做主，体会到公平与正义的实质内涵。

最后，公平正义是保障国家有序发展，维护社会和谐、稳定的基础。孔子在《论语·季氏篇》中说："有国有家者，不患寡而患不均，不患贫而患不安。盖均无贫，和无寡，安无倾。"① 显然，孔子认为公平正义是保证国家稳步发展、社会关系和谐的"重器"。因此公平正义要求执政者要考虑人民的切身利益，完善社会管理，采取各种激励方式与方法，充分发挥人民群众的积极性和主动性；努力挖掘人民群众的创造力，激发社会发展活力。着力发展经济的同时，还要处理好公平与效率的关系，加大对公共服务的资金投入，逐步实现基本公共服务覆盖面，促进社会公平正义。只有在公平正义基础上理顺社会分配关系，缩小城乡居民收入差距，社会成员才能真实感受到公平正义，才能有利于构建一个全体人民各尽其能、各得其所的和谐社会。

（二）公平正义思维的内涵

公平正义思维就是指公民在追求正当利益时，要有权利公平、机会公平、规则公平、救济公平的思维与理念；如果发现存在不公平、不正义的行为，应该通过法律途径维护自己的合法权益，而不是铤而走险或者任人宰割。

二、公平正义思维的基本要求

公平正义的实现离不开公共权威。只有以政府为核心的政权机构倡导公平正义、奉行公平正义、主张公平正义，国家和社会才有机会实现公平正义。社会生活中的公平正义包括权利公平、机会公平、规

---

① 无论是诸侯或者大夫，不担心财富不多，担心的是财富分配不均匀；不担忧人民太少，担忧的是境内不安定。若是财富平均，便无所谓贫穷；境内和平团结，便不会觉得人少；境内平安，国家便不会倾危。

则公平以及救济公平，因此与此相对应的公平正义思维具体包括权利公平思维、机会公平思维、规则公平思维和救济公平思维。

（一）权利公平

权利公平是指权利主体法律地位平等，国家平等地对待每个权利主体，每一个权利主体享有的权利内容平等，权利保护和权利救济平等。例如，《宪法》规定男女平等；《继承法》规定子女享有平等的继承权；《劳动法》规定男女同工同酬；等等。

1. 权利内容平等

老张夫妇共生育二女一子，受重男轻女陈腐思想影响，唯一的儿子最受宠，什么好事都尽着儿子，子女长大了也是如此。老房子拆迁后，老张夫妇分到几套房，父母除了自留一套房居住外，将其他房子租了出去，其中一套房子的租金全部补贴给了儿子。父亲去世后，两个女儿因为心疼年迈的母亲，轮流上门照顾。七年后母亲去世，在没有与两个姐姐商量的情况下，儿子又把父母居住的房子出租，且将租金占为己有。这下两个姐姐不能接受，与弟弟多次协商父母遗产分配无果，最后只得将他起诉到法院，要求公平分割父母留下的全部遗产①。最终法院根据查明的事实，根据我国《继承法》的规定，裁决父母遗留的房产由三姐弟平均分配，各享有三分之一的继承权。该案体现的公平正义精神就是权利内容平等，男女享有平等的继承权。

---

① 陈畅. 嫁出去的女儿没有继承权？ 江苏一法院用判决来回应［EB/OL］. 光明网，2019-03-08.

2. 权利保护平等

因经营不善，2004 年成都空气压缩机厂申请破产。进入破产程序后，破产清算组以有地方文件规定为由，将该企业女职工黄永顾等 7 人纳入正式退休人员的范围，并于 2004 年 12 月 8 日告知这 7 人，12 月底终止代缴养老保险。黄永顾等 7 人认为，按照有关文件规定，在 52 岁到 55 岁之间的职工，不管男女，均属于可以办理提前退休手续的年龄段；可以提前退休的企业职工有"双向选择"的权利：一是在破产时可以申请办理提前退休，二是可以选择领取安置费自谋职业。然而成都空气压缩机厂破产清算组没有落实文件的具体规定，其行为侵犯了自己的合法权利。一是在没有当面征求本人意见的前提下，直接办理了正式退休手续，终止代缴养老保险，侵犯了自己的合法权益；二是对符合条件的女职工直接按照退休处理；对符合条件的男职工却允许他们"双向选择"，违反了宪法规定的男女平等原则。于是黄永顾等 7 人于 2004 年 12 月 20 日向成都市劳动争议仲裁委员会申请劳动仲裁，请求仲裁委撤销破产清算组单方面做出的黄永顾等 7 名女职工退休和终止代缴养老保险的决定。申请被驳回后，7 人不服又向成都市锦江区人民法院起诉，请求法院撤销破产清算组的决定。最终法院在查明事实的基础上，判决支持了原告的诉求。这是全国首例女职工为寻求和男职工在破产安置中的同等权利，状告单位性别歧视案①。

3. 平等的救济权

除了刑事诉讼外，民事诉讼、行政诉讼实施的是不告不理原则。以民事诉讼为例，原告到法院提起诉讼，法院根据法律规定审查起诉

---

① 全国首例女职工状告单位性别歧视案宣判［R/OL］. 四川新闻网，2005-06-16.

状后，认为符合起诉条件才会受理案件，反之不予受理。生活中不少人认为原告起诉，被告一定败诉。这种看法是错误的，如果原告滥用诉权，同样要面临不利的后果。例如，根据民事诉讼法的规定，除了特别侵权外，一般情况下"谁主张、谁举证"。原告起诉，要承担证明自己的权利被被告侵犯的证据，如果提供不了相关证据，原告依然要承担败诉的风险；被告尽管被动参加诉讼，但被告依法享有辩论权，也有举证的权利，证明原告的诉求不成立。因此民事诉讼中的原、被告双方享有平等的救济权。与民事诉讼"谁主张、谁举证"不同，行政诉讼的举证责任往往倒置，由被告承担。之所以加重被告的举证义务，原因是双方当事人中一方是自然人、法人、非法人组织，另一方是国家机关，原被告法律地位不平等；而且行政诉讼的审理对象是行政行为，因此行政机关本身就要承担依法行政、合理行政的举证义务。但行政诉讼的原告也不是说什么举证责任都不需要承担，他还是要承担自身合法权利被行政行为侵犯的证明责任。因此行政诉讼表面上看起来双方当事人诉讼权利与义务不平等，实际上通过法律的规定，实现了双方当事人诉讼权利与义务的平等。

（二）机会公平

机会公平是指生活在同一社会中的成员拥有相同的发展机会和发展前景，反对任何形式的歧视。机会公平的实质是每个人在相同条件下能够受到同等对待。

机会平等至少应该做到表面的平等，如果连表面的平等都不能保证，实质平等必然无法保证。

2002年1月7日四川省成都市武侯区人民法院受理了一起全国瞩目的"身高歧视案"。2001年12月，成都某媒体刊登了一则中国人民银行成都分行的招录公务员的广告。其中招录对象条件之一要求男性身高不低于 1.68 米，女性身高不低于 1.55 米。原告蒋韬看到这则广告后，认为中国人民银行成都分行的招聘行为侵犯了公民的宪法性权利——平等就业权，限制了他的报名资格，侵犯了其享有的依法担任国家机关公职的平等权和政治权利，应当承担相应的法律责任。于是蒋韬向武侯区人民法院提起行政诉讼，请求确认被告中国人民银行成都分行招录公务员条件中"含有身高歧视"的具体行政行为违法，停止发布该内容的广告等①。"蒋韬案"中，被告将身高作为报考的条件，结果就是那些身高不符合报考要求的考生连报考的机会都没有，更不用说未来的工作机会。尽管法院最终驳回了蒋韬的起诉，但因为该案是第一个以平等就业权被侵犯为由起诉维权的案件，因此该案被蒋韬的委托代理人、四川大学法学院周伟教授称为"中国宪法平等权第一案"。

同样，2014 年 6 月，郭晶在网络上看到杭州市西湖区某职业技能培训学校招聘文案人员的广告，觉得该工作比较适合自己，于是按要求在网上提交了应聘简历，但是过了一段时间后没有得到任何答复。郭晶又仔细阅读了相关网页，才发现该单位只招男性。郭晶在没有得到任何合理解释的情况下，向法院起诉，状告该公司性别歧视，违反宪法规定的"公平原则"。最终杭州市西湖区人民法院判决认为，"被告不对原告是否符合其招聘条件进行审查，而直接以原告为女性、其需招录男性为由拒绝原告应聘，其行为侵犯了原告平等就业的权利，对原告实施了就业歧视"，裁定被告赔偿原告 2000 元精神损害抚慰

---

① 姚小林. 蒋韬身高受歧视案（就业平等权）[EB/OL]. 上海法律网，2011-12-19.

金①。女性就业难是我国比较普遍的现象，该案最重要的历史意义在于这是我国首例原告胜诉的就业性别歧视案。这说明在我国从立法者到司法者都意识到，消除就业性别歧视先从机会公平开始。

"郭晶案"与"蒋韬案"本质一样，都是因为原告被剥夺竞争机会而导致的，但从判决的结果来看，"郭晶案"的主审法官显然更清楚地认识到机会公平的重要性，这意味着人们将会越来越重视机会公平。

（三）规则公平

规则公平是指对所有人适用同一的规则和标准，不得因人而异，不能搞"双标"或者"多标"。规则公平包括法律规则面前人人平等、法律内容面前人人平等和法律保护面前人人平等；任何人不得享有法律规定之外的特殊权利，任何人也不会被法律规定排除在保护范围之外②。

我国的高考制度最能体现规则公平。我国早在隋唐时期开始科举取士，开始通过统一考试，选拔合格官吏，使更多的平民百姓能够通过读书改变命运。现代的高考制度最早起源于清末洋务运动。当时的洋务派代表李鸿章、左宗棠学习西方的考试方式，为现代高考制度的形成与发展、完善奠定基础。中华人民共和国成立之后，为了更好地满足国家快速选拔高精尖人才的需要，更好地体现规则公平，1952年我国建立了全国统一高等学校招生制度，我国延续至今的高考制度正式诞生。由于早年的大学生毕业国家包分配，可以端上铁饭碗，工作

---

① 胡锦光. 2014年中国十大宪法事例评析［M］. 北京：法律出版社，2016：91-100.
② 本书编写组. 思想品德修养与法律基础［M］. 北京：高等教育出版社，2015：183.

体面又稳定，因此高考是绝大多数人除了当兵之外，改变个人命运、家庭命运的唯一机会。因为历史原因，1966 年到 1976 年期间我国全面取消高考。其间能够进入大学读书的大多数是靠"推荐"，导致当时"走后门""拉关系""人情风"盛行，严重破坏社会公平、正义。高考推荐制不仅破坏了社会公平，而且严重影响了大学教育质量。因为被推荐的学生文化基础参差不齐，两极分化，既有高中毕业生也有小学文化水平的"小学生"，因此，严重影响大学教育质量。这种情况一直持续到 1977 年恢复高考才得以逐步解决。正是因为高考涉及全国上下千家万户，为了确保高考公平，国家从各个方面严格监控，如禁止"高考移民""严格审核高考加分""严密监督高校自主招生"等，甚至在 2015 年《〈刑法〉修正案（九）》将"高考作弊"① 纳入刑法调整的范围。

2020 年 3 月 30 日教育部宣布，因为新冠肺炎疫情影响，2020 年全国高考推迟到 7 月 7—8 日，湖北省和北京市高考时间待定。"推迟高考"是 1977 年中国恢复高考以来的第一次，之所以推迟 1 个月，据教育部高校学生司司长王辉说，除了健康是第一考虑外，主要还是为了体现公平、公正。新冠肺炎疫情期间，全国大中小学停课，有条件地开设网课，组织学生网络学习。由于城乡学习条件差异，部分农村和贫困地区的高三学生无法实现网络在线学习，备考受到很大影响，而高考延期可以使考生有更多时间在校集中学习，最大限度保障教育公平②。

---

① 《刑法》规定高考作弊罪具体包括代替考试罪、组织考试作弊罪、非法出售提供试题答案罪。

② 许雯. 教育部谈高考延期：有两大原因［N］. 新京报，2020-03-31.

现实生活中规则公平表现为形式公平与实质公平两种。为了更好地保证实质公平，某些情况下应该对特殊群体适当倾斜，如保护弱者原则。弱者是相对的概念，是指与一般人相比较，在某些方面处于弱势地位的人，如老、弱、病、残、孕、妇女和未成年人等。之所以要保护弱者，首先，是为了体现实质公平。如"法律面前人人平等"是法律赋予每一个公民形式上的公平，因为个体差异等原因，事实上不是所有的人都有能力平等享有法律赋予的权利、平等地承担法律赋予的义务。因此为了实现实质公平，保证每一个公民能够享有法律赋予的权利，法律必须向某些人倾斜或者制定特别法保护弱者，通过对弱者的特别保护，使弱者在某些领域与强者法律地位实质平等。例如，我国已经出台了的《中华人民共和国未成年人保护法》《中华人民共和国妇女权益保护法》《中华人民共和国老年人权益保障法》等法律在某些方面加强对未成年人、妇女、老年人权利的保护，或者在某些领域取消或者减轻法律义务。例如，我国《刑法》规定，未成年人、怀孕或者哺乳期的妇女犯罪禁止判处死刑，年满75周岁以上的老人犯罪原则上不适用死刑等。

其次，规则公平是避免社会矛盾激化的需要。人类社会中强者是少数、弱者是大多数。强者之所以成为强者是因为他们已经占据了大量的资源。弱者要想改变自己的命运，就需要某种能够成为强者的渠道或者途径，或者创造某种机会，通过自己的努力与奋斗，成为强者。一旦没有一丝这种机会或者希望，弱者很可能会破釜沉舟、背水一战，采取极端手段，从而激化社会矛盾，动摇社会稳定。前文所述的高考对于不少家庭条件不好的孩子来说，就是一条改变命运的通道或者规则。只要这个制度存在，他就有希望改变现状，实现理想。我国之所以实施九年义务教育，要求每个适龄的孩子都必须接受至少九年的文化学习，目的就是为孩子的未来发展奠定一定的文化基础，给每一个孩子改变命运的机会，或者埋下一颗希望的火种。

最后，规则公平是推动社会发展的强大助力。经济学原理告诉我们，生产力决定生产关系，生产关系反作用于生产力。人与人之间的关系和谐必然推动生产力的发展，因此规则公平是维系人与人之间和谐关系的基础与纽带，直接推动生产力的发展，最终推动人类社会发展。

（四）救济公平

救济公平是指权利受到侵害或处于弱势地位的公民有权利得到平等有效的帮助。救济公平包括司法救济公平、行政救济公平以及社会救济公平。

1. 司法救济公平

司法救济公平要求司法要公正对待每一个当事人，致力于实现司法公正，让每一个公民不论被害人、被告人、原告、被告、证人都能从每一个案件中感受到公平与正义。

（1）保障被害人的合法权益。例如，2014年11月4日晚，被害人王素芳家着火。火灾导致王素芳被烧成一级重伤，生活不能自理；丈夫王彦文死亡；七间房屋被烧毁。相关部门现场勘查鉴定认定：起火原因排除电路故障，排除遗留火种，不排除人为放火。但案件三年没有侦破，唯一的犯罪嫌疑人因事实不清、证据不足，被法院判决无罪释放。因此被害人无法通过诉讼获得赔偿，生活极度困难。2017年5月，王素芳向山西省晋中市中院申请司法救助。山西省晋中市中级人民法院审查认为，申请人因他人犯罪导致严重伤残，又因为案件无法侦破，无法通过诉讼获得赔偿，生活困难，符合《最高人民法院关于加强和规范人民法院国家司法救助工作的意见》的规定，决定给予申请人五万元司法救助金[①]。王素芳因刑事案件无法侦破，无法获得刑事赔偿，导致生活极度困难，人民法院及时给予司法救助的做法，帮助王素芳一家渡过难关，使她能感受到党和政府的关怀，感受到国家、社会的公平、正义。

（2）保护证人的合法权益。2011年，张尚芝因涉嫌寻衅滋事罪，被北京市顺义区人民法院判处有期徒刑11个月，吴振永是该案的证人之一。张尚芝知道后，对吴振永打击报复，致使吴振永轻伤。2014年，北京市顺义区人民法院判决张尚芝的行为触犯刑法中的报复证人罪，判处其有期徒刑一年十个月，并赔偿被害人各项经济损失43793.38元。但判决生效后，被告人张尚芝即患脑血栓，生活不能自理，没有履行能力，名下也无财产可供执行。而被害人吴振永年事已高（76岁），没有劳动能力，没有经济来源，符合司法救助的条件，因此顺义区法院决定给予吴振永国家司法救助金43793.38元[②]。吴振永因为做证，人身受到伤害，国家理应采取相应的措施，保障证人的人身、财产不受侵犯。同时为了鼓励更多的知道案件真相的人敢于做证，国家更应该采取适当措施维护证人的合法权益。这也是司法救济公正的体现。

（3）弥补被告人、犯罪嫌疑人因司法机关错误逮捕、错误羁押造成的人身、财产等损失。例如，2015年2月3日，孙夕庆因涉嫌职务

---

① 最高人民法院. 最高法发布10件国家赔偿和司法救助典型案例（附全文）| 民商事裁判规则 [R/OL]. 中国新闻网，2019-12-19.
② 最高人民法院. 最高法发布10件国家赔偿和司法救助典型案例（附全文）| 民商事裁判规则 [R/OL]. 中国新闻网，2019-12-19.

侵占、挪用资金罪被山东省潍坊市公安局高新区分局刑事拘留；2017年7月11日潍坊市高新区人民法院以虚开增值税专用发票罪判处孙夕庆有期徒刑三年零六个月，并处罚金人民币10万元。孙夕庆不服法院判决，以自己不构成犯罪为由提起上诉。2017年11月22日，潍坊市中院依法裁定撤销原判，发回重审。重审期间，高新区法院于2018年8月2日变更强制措施，决定对被告人孙夕庆取保候审；2019年8月12日高新区检察院做出不起诉决定，孙夕庆终于被无罪释放。自被刑事拘留至被采取取保候审措施，孙夕庆总共被无罪羁押1277天。2019年8月21日孙夕庆向高新区法院申请国家赔偿。高新区法院经审查后，决定向孙夕庆支付人身自由赔偿金403455.38元和精神损害抚慰金141000元①。孙夕庆被错误逮捕、错误羁押长达3年半，人身自由被剥夺，正常日常生活受到严重影响、社会声誉降低，精神受到损害，国家对他的赔偿体现了国家司法救济的公正。

据最高人民法院赔偿办刘竹梅主任说：2014年至2018年，全国法院依法审结各类国家赔偿案件83315件，其中司法赔偿案件22954件；2015年至2018年，各级法院共办理司法救助案件16.65万件，发放救助金37.47亿元，救助涉案困难群众逾30万人。树立"当赔则赔、应救尽救"和"把好事办好"的理念，在现有法律制度框架之内从优用足各项法律政策，让人民群众真真切切地感受到国家法律和人民司法的公正与温暖②。

①　最高人民法院. 最高法发布10件国家赔偿和司法救助典型案例（附全文）| 民商事裁判规则［R/OL］. 中国新闻网，2019-12-19.
②　人民法院国家赔偿和司法救助典型案例新闻发布会［R/OL］. 最高人民法院网，2019-12-19.

2. 行政救济公平

行政救济公平要求国家行政机关平等对待需要救济的社会成员；相同的情况，提供相同的救济服务内容，不得区别对待。

2016年2月16日，王平与龚某、高某等人因经济纠纷在启东市吕四法庭门口发生争执，开始动口，后来动了手，双方出现肢体揪扭。龚某报警，启东市公安局立即指派民警出警处理。出警民警到达现场后，调查认为，情节轻微，双方互不追究法律责任。警察走后，王平也离开现场，但他所驾驶的奥迪小型越野车留在现场，没有开走。龚某、高某等人为防止王平将车开走，把车辆四个轮胎的气放掉。当日晚上，被王平派去开车的袁晨祝等人发现轮胎没气，只好开车先到某汽修厂充气。其间，高某、龚某等人闻讯后赶到汽修厂，用汽车前后围堵该车，阻止袁晨祝等人驾车离开，袁晨祝无奈只好报警。启东市公安局接到报警后指派民警出警，双方对警察的处置结果无异议。但是在第二天，王平再次派金亚斌将车开回时，发现车辆已被他人开走了，金亚斌遂到启东市吕四港镇中心派出所报案，称车辆被抢走。后来启东市公安局查明是高某、龚某开走的车，目的要让王平出面解决双方之间的经济纠纷。2016年2月26日，派出所向王平出具了一份接处警说明，大概内容是高某等人因为经济纠纷扣走了王平的汽车。王平认为高某等人的行为构成刑事犯罪，要求启东市公安局以刑事案件立案。但启东市公安局认为这是民事纠纷，做出不予立案通知。王平不服公安局的决定，向江苏省启东市人民检察院提出申诉，该院要求启东市公安局说明不立案理由。2016年6月17日启东市公安局回复检察院，认为高某等人与王平之间属于经济纠纷，没有犯罪事实。2016年8月1日，王平以邮寄的方式向启东市公安局提交财产保护申请书一份，要求启东市公安局对高某等人非法扣押申请人车辆的行为予以行政处罚，同时要求启东市公安局责令高某等人归还车辆。启东市公安局收到上述申请书后，没有出具书面意见，只是通过电话告知王平可提起民事诉讼要回自己的汽车。王平不服启东市公安局的回复，遂以启东市公安局为被告，提起行政诉讼。

法院审查认为：王平合法占有、使用的汽车被龚某、高某用汽车前后围堵，无法使用，袁晨祝报警后，启东市公安局没有采取有效措施制止不法侵害行为，没有有效保护公民合法财产权益；涉案车辆被高某等人抢走后，金亚斌报案，出警民警认为双方存在经济纠纷，需要调查核实才能立案，但此后公安局既未调查也未立案。王平再次提出申请，公安局也只是电话告知王平可以依法提起民事诉讼，对被扣车辆没有做出相应的处理。因此启东市公安局在处理王平与龚某、高某的纠纷中，没有履行保护公民合法财产权的法定职责，行为违法，侵犯了公民行政救济权。王平与龚某、高某之间因经济纠纷引发矛盾，启东市公安局的做法厚此薄彼：放纵龚某、高某的行为，对王平的请求消极对待，因此侵犯了王平公平获得行政救济的权利。最终法院裁决启东市公安局未依法履行职责的行为违法①。

3. 社会救济公平

社会救济是指国家和社会为保证每个公民能够维持作为一个人应该享有的最基本、有尊严的物质生活水平而对贫困者提供的物质帮助。包括自然灾害救济、失业救济、孤寡病残救济和城乡困难户救济

---

① 江苏省南通市中级人民法院行政判决书（2017）苏06行终503号［EB/OL］. 中国裁判文书网，2020-05-26.

等。还有其他一些公益组织，如红丝带①、绿丝带②等。通过对某些特殊群体的关怀与关爱，从精神、经济层面提供力所能及的帮助，让被帮助者感受到国家、社会的温暖。

社会救济事关公民基本生存权，国家非常重视。2014 年 2 月 21 日，李克强签发中华人民共和国第 649 号令，宣布自 2014 年 5 月 1 日起实施《社会救助暂行办法》，目的就是保障公民的基本生活，促进社会公平，维护社会和谐稳定，完善全国社会救助体系。然而构建公平合理的社会救济机制不能停留在法条层面，司法实践中要求国家相关机关采取有力措施保证社会救济公平，要求社会对需要救济的社会成员提供的社会救济服务一律平等，不得厚此薄彼。社会救济公平包括获得社会救济的机会公平与过程公平，也就是说国家、社会在尽可能加大公共服务和社会保障力度的同时，更要重视公民获得社会救济的过程公平与机会公平。

（1）保障公民获得社会救济的过程公平。如 2008 年 2 月 20 日，上海市黄浦区人民政府南京东路街道办事处经过严格审核，认定梁某甲的家庭生活水平不再符合《上海市社会救助办法》（以下简称《办法》）的规定，于是做出民救字 NO. 0100208000001《停止社会救助决定》，决定对纪某停止发放社会救助金。纪某的法定代表人，同时也是本案的利害关系人梁某甲不服，向上海市黄浦区人民法院起诉，

---

① 红丝带是对 HIV 和艾滋病公认的国际符号，1991 年在美国纽约第一次出现。它代表了关心，佩戴红丝带用来表示对 HIV 和艾滋病的关心。红丝带成为一种希望的象征，象征疫苗的研究和治疗感染者的成功，象征 HIV 感染者生活质量的提高。红丝带代表着一种支持，支持 HIV 感染者，支持对未感染者的继续教育，支持尽全力去寻找有效的治疗方法、疫苗，支持那些因艾滋病失去至爱亲朋的人。

② 绿丝带是指中国精神卫生标志绿丝带关怀行动。

请求法院确认街道办事处的决定违法。2008 年 7 月 24 日上海市黄浦区人民法院公开开庭审理了本案。最终法院查明原告的家庭收入确实明显超过了当月上海市城镇居民最低生活保障人均 350 元的标准，已经不符合《办法》的规定，判决原告败诉①。

该案是公民不服国家相关机关停止发放社会救助而引发的诉讼。本案被告上海市黄浦区人民政府南京东路街道办事处停止发放纪某的社会救助金，证据确实、充分，程序符合相关规定，理应得到法院的支持；同时梁某甲认为自己的合法权益受侵犯，敢于通过法律途径维权的做法也反映了公民法治意识的提高；法院本着以事实为依据，以法律为准绳的原则裁决案件，体现了司法机关公平对待每一个公民的社会救济。因此该案充分反映了国家重视公民获得社会救济的机会公平与过程公平，确保每一个符合社会救助的公民能够切实得到国家、社会的救助，体现了公平正义的应有之义。

（2）保障公民获得社会救济的机会公平。主要是从获得社会救济的人的覆盖面来看的。为了让有限的资金用在刀刃上，为了更多的符合救济条件的人能公平享有社会救济，2016 年 2 月 10 日中共中央国务院印发了《关于进一步健全特困人员救助供养制度的意见》（以下简称《意见》）。该《意见》明确规定，将符合条件的特困人员全部纳入救助供养的范围，以切实维护他们的基本生活权益，而且具体实践中，还将突出重点，兼顾一般，解决真正需要国家救济的人的基本生活。正如 2016 年 2 月 23 日民政部社会救助司司长刘喜堂在民政部召开的新闻发布会上强调："基本的养老保险、基本的医疗保险、高

---

① 上海市黄浦区人民法院行政判决书（2008）黄行初字第 145 号［EB/OL］. 中国裁判文书网，2020-05-12.

龄津贴等政策对特困人员可以同时享受，但对于相同性质的社会救助政策就不再重复享受。例如纳入了特困人员救助供养范围的，不得再享受最低生活保障；纳入孤儿基本生活保障政策的就不再享受特困人员救助供养政策。"①

---

① 吴为. 民政部：低保和社会救助不能重复享受 [N]. 新京报，2016-02-24.

第六章

权利保障与权利保障思维

2019年1月，华东政法大学的大三学生王某计划携带价值46.30元的零食进入上海迪士尼乐园。过安检时，被工作人员发现。上海迪士尼乐园的工作人员告诉王某，根据《上海迪士尼乐园游客须知》（简称《游客须知》），游客不得携带任何食品进入乐园，否则不得入内。王某无奈只好丢弃自带零食后入乐园。事后王某觉得上海迪士尼乐园侵犯了自己的合法权益，于是状告上海迪士尼乐园，请求法院确认被告制定的《游客须知》中"不得携带以下物品入园"部分的"食品、酒精饮料、超过600毫升的非酒精饮料"条款无效；要求被告赔偿原告因上述入园规则被迫丢弃的食品损失46.30元。案件审理期间，可能迫于公众舆论压力，上海迪士尼乐园修改了《游客须知》①。不久，原被告达成调解协议，被告补偿50元给原告，原告撤诉，案件到此结束②。

本案中，王某的权利保障意识很强，敢于拿起法律武器，维护自

---

① 《上海迪士尼乐园游客须知》将"禁止带食品入园"的规定修改为"游客可携带供本人食用的食品及饮料进入上海迪士尼乐园，但不允许携带需加热、再加热、加工、冷藏或保温的食品及带有刺激性气味的食品。例如：需加热水食用的方便面、带自热功能的食品，以及榴莲等。"

② 王颖. 获补偿50元! 华政学子诉上海迪士尼禁带食品案达成调解 [EB/OL]. 中国长安网，2019-09-12.

己的合法权益，凸显其法治思维成熟。因此培养大学生的权利保障思维，既有利于大学生个人权利纠纷的解决，同时也有利于社会秩序的维护，更有利于加快法治国家的建立，促进法治政府的构建。

一、权利与权利保障思维的内涵

(一) 权利的内涵

权利是指在社会历史发展中产生的，以一定社会承认为前提，由特定主体享有的权能和利益的统称。权能与利益不同，权能一般是指从事某种行为的能力与自由以及由此可能产生的利益；而利益通常是指已经实现的权能。有些权利因为得到习惯、道德、宗教、法律的承认，因此没有规定在法律条文中；有的由法律明文规定。因此从不同的角度又可以将权利区分为习惯权利、道德权利、宗教权利以及法律权利。

在众多不同类别的权利中，法律权利最为重要。法律权利是在法律规定的范围内，允许权利人为了满足自己的利益而采取的、由其他人的法律义务所保证的法律手段[1]。换句话说任何人侵犯他人的法定权利，将要面临法律的制裁。法律权利的内容、种类、分配和实现方式因社会制度的差异和国家法律规定的不同而不同[2]。如没有互联网，必然没有互联网侵权，法律也不需要规范民事法律关系主体在互联网上的行为。法律权利的实现还受社会发展的制约，其内容与实现方式

---

① 本书编写组. 思想品德修养与法律基础（2018 年版） [M]. 北京：高等教育出版社，2018：183.

② 本书编写组. 思想品德修养与法律基础（2018 年版） [M]. 北京：高等教育出版社，2018：184.

不能脱离一个国家或地区的经济发展水平或者状况。如"安乐死问题"，世界各国均认为无法救治、确定必死的人，应该允许并帮助其无痛苦地死去。但是目前只有极少数国家法律允许安乐死，原因在于大多数国家的医疗水平、医疗技术无法精准判断"无法救治、必然死亡"，现实生活中又确实存在"医学奇迹"，因此大多数国家的法律没有规定安乐死合法。

（二）权利保障与权利保障思维的内涵

权利保障是指法律权利的行使必须在法律规定的范围内，任何人不得滥用权利，不得损人利己，采用侵犯他人合法权利的行为来满足自己的意愿，尤其不能侵犯国家根本利益、社会公共利益，因此权利保障维护的是法律规定范围内的公民权利。法律范围内公民采用正当方式行使权利理应得到法律的保障，事实上法律是保障公民权利的最后一道防线。法律方式的权利保障有国家强制力为后盾，不受任何国家机关或个人非法侵犯。

权利保障思维就是指公民要依法保障自己的权利不受非法侵犯；一旦权利被非法侵犯，公民应该依照法律规定的内容、方式、程序维护自己的合法权利。

二、权利保障思维的基本要求

法律保障公民权利一般通过宪法、立法机关的立法、行政机关的执法和司法机关的司法予以保障。其中宪法保障是权利保障的前提与基础。

（一）公民、法人、非法人组织权利的宪法保障

宪法是基本法，凡是与宪法相抵触的法一概无效。宪法的规定能

够凸显国家立法机关尊重和保障人权的鲜明态度，因此宪法明确列出应予保障的公民基本权利清单理应得到其他部门法的具体保护。以宪法为核心，确立保障公民权利的有效机制，能够推动整个国家和法律体系强化对公民权利的保障力度。具体而言，我国宪法保障公民享有以下六项权利：政治权利、人身权利、财产权利、社会经济权利，还有宗教信仰自由和文化权利。

1. 宪法保障公民的政治权利

政治权利是公民参与国家政治活动的权利与自由的统称。在我国，公民政治权利具体包括选举权与被选举权、表达权、民主管理权、监督权。这些权利不受非法剥夺与侵犯。

（1）选举权与被选举权。我国《宪法》第二条规定国家的一切权力属于人民。符合条件的全国各族人民通过直接或间接选举代表组建我国的最高权力机关——全国人民代表大会，管理国家、管理社会。这充分反映我国是人民当家做主的社会主义社会，宪法规定公民享有的选举权与被选举权是人民当家做主的具体表现。

例如，吴少晖是路下村城镇户籍的村民，2003 年以前该村历届村民委员会换届选举，吴少晖都被登记为选民。2003 年 6 月路下村依法进行村委会换届选举时，该村村民选举委员会按照福建省民政厅下发的《村民委员会选举规程》中的有关规定①，没有将吴少晖登记为选民。吴少晖认为路下村村民选举委员会的做法错误，侵犯了自己的选举权与被选举权，向路下村村民选举委员会申诉，路下村村民选举委员会驳回吴某的申诉，维持原决定，吴少晖不服，向法院起诉。法院

---

① 《福建省村民委员会选举规程》规定，户籍在本村管理的其他非农业户籍性质人员不做选民资格登记。

根据《宪法》第三十四条①、《福建省村民选举委员会选举办法》第十一②、十二条③的规定，最终撤销被告的决定，认为吴少晖应该登记为该村的选民④。

（2）表达权。表达权是指公民有依照法律规定的方式与方法表达对国家、社会、公共生活的看法与观点的权利。我国《宪法》第三十五条⑤规定，公民的表达权具体包括言论、出版、集会、结社、游行、示威六项权利。公民的表达权不仅仅体现的是公民参政、议政的主要方式与途径，还体现了人民当家做主的法律地位。但是公民的表达权只能在法律允许的范围内行使，否则不受法律保护。

例如，2018年12月24日上午8点多钟，因工资被拖欠，包括蒋某在内的某工地20多名民工在未获批准的情况下，聚集在金山路某房地产公司门口非法游行，民警多次劝阻，没有成效。后来又到云浮市住建局非法集会、游行、示威，政府工作人员多次进行劝阻也没有效果。中午12点多的时候，广东省云浮市云城区云城派出所果断采取措施，依法对涉嫌非法游行的违法行为人蒋某、高某等5人分别予以行

---

① 《宪法》第三十四条规定，中华人民共和国年满十八周岁的公民，不分民族、种族、性别、职业、家庭出身、宗教信仰、教育程度、财产状况、居住期限，都有选举权和被选举权；但是依照法律被剥夺政治权利的人除外。

② 《福建省村民选举委员会选举办法》第十一条规定，"凡具有选民资格的村民可以在户籍所在地的村民选举委员会进行选民登记"。

③ 《福建省村民选举委员会选举办法》第十二条规定，"经登记确认的选民资格长期有效。每次选举前应当对上届选民登记以后新满十八周岁的、新迁入本村具有选民资格的和被剥夺政治权利期满后恢复政治权利的选民，予以补充登记。对选民登记后迁出本村、死亡和依照法律被剥夺政治权利的人，从选民名单上除名"。

④ 吴少晖不服选民资格处理决定案［J］．最高人民法院公报，2003（6）．

⑤ 《宪法》第三十五条规定：中华人民共和国公民有言论、出版、集会、结社、游行、示威的自由。

政拘留、警告的处罚①。本来蒋某等人可以采用合法手段彻底解决工资拖欠问题，但是他们却采用违反法律规定的方式、方法维权，结果拖欠的工资不但不能及时要回来，自己还要承担违法犯罪的不利后果。

（3）管理权。管理权是公民按照法律规定的方式、方法、途径管理国家事务、经济、文化、社会事务的权利。我国《宪法》第二条②对此有明确规定。管理权不仅是人民当家做主的体现，也是依法治国的具体要求。

众所周知，非法倾倒废弃物容易污染环境，但是仍然有一些人为了牟利，深更半夜非法转移污染物、废弃物。2016年8月，李某等人从东莞运输大量垃圾废渣到中山市南朗镇码头进行填埋时，被群众举报，当场被抓。事件曝光后，2017年7月，中山市环境科学学会根据民事诉讼法的规定，以李某等五人、中山某农业投资有限公司为共同被告，提起民事公益诉讼，请求法院依法追究被告的民事法律责任。查明事实后，法院裁决被告构成环境民事侵权，共同赔偿各种费用合计200多万元③。这是中山市第一例由民间公益组织起诉的民事环境公益诉讼。环境公益诉讼制度的构建，体现了保护环境人人有责的理念，方便广大人民群众参与国家、社会治理，激发了公众参与国家、社会管理的积极性。不仅有利于加强与完善社会治理，而且彰显了公民、法人、非法人组织的社会责任感与主人翁精神，对于构建和谐社

---

① 平安云城. 云城警方快速处置一起非法集会游行示威案件［R/OL］. 搜狐网，2018-12-26.

② 《宪法》第二条：中华人民共和国的一切权力属于人民。人民行使国家权力的机关是全国人民代表大会和地方各级人民代表大会。人民依照法律规定，通过各种途径和形式，管理国家事务，管理经济和文化事业，管理社会事务。

③ 廖瀚. 中山首宗！环保社会组织告赢污染企业，被告须赔偿200多万元［EB/OL］. 搜狐网，2018-10-08.

会、建设美丽中国意义重大。

（4）监督权。监督权是公民依照法定途径与方式监督国家机关及其工作人员公务活动的权利，有利于推进全面依法治国，实现国家治理能力与治理体系的现代化。按照我国《宪法》第四十一条①的规定，公民主要通过批评、建议、申诉、控告、检举五种方式行使监督权。

例如 1998 年，江西省遂川人李某被公诉机关指控，用加了老鼠药的奶糖给同村 2 名小孩吃，致使小孩死亡。案件一审、二审之后，李某以故意杀人罪被判处死刑缓期执行。李某及其家人不服，申请再审。2011 年最高人民法院指令江西省高级人民法院再审，再审还是维持原判。李某及其家人还是不服，继续申诉。2017 年 7 月，最高人民法院第二次指令江西省高级人民法院再审。2018 年 6 月，江西省高级人民法院以李某故意杀人案事实不清、证据不足为由，决定撤销原判，改判李某无罪②。随后李某向江西省高级人民法院提出 4140 万元国家赔偿申请，2018 年 9 月李某获得国家赔偿 293 万元。同年 10 月李某向最高检控告导致自己错案的相关公检法人员，并要求追究他们的相关责任。2019 年 2 月最高院最终决定维持江西省高院做出的 293 万元国家赔偿的决定，同时依法驳回李某其他赔偿请求③。李某及其家人通过

---

① 《宪法》第四十一条规定，中华人民共和国公民对于任何国家机关和国家工作人员，有提出批评和建议的权利；对于任何国家机关和国家工作人员的违法失职行为，有向有关国家机关提出申诉、控告或者检举的权利，但是不得捏造或者歪曲事实进行诬告陷害。对于公民的申诉、控告或者检举，有关国家机关必须查清事实，负责处理。任何人不得压制和打击报复。由于国家机关和国家工作人员侵犯公民权利而受到损失的人，有依照法律规定取得赔偿的权利。

② 张楠茜. 李锦莲故意杀人案因证据不足改判无罪 申诉超 230 次 [EB/OL]. 搜狐网，2018-06-01.

③ 赣李锦莲案：市县两级警方驳回其"刑讯逼供索赔申请" [EB/OL]. 新浪江西网，2020-01-19.

法律赋予的监督权，按照法律规定的途径，不间断地申诉，最终促使国家司法机关以事实为依据，以法律为准绳，改变错误判决并承担法律赔偿的责任。因此此案折射出来的是公民监督权的重要性。

2. 宪法保障公民人身权利

保障公民的人身权利也是公民权利保障的重要内容，只有人身不受非法侵犯，公民才能够享有政治权、财产权等其他权利；公民享有人身权利也是公民参与国家政治、经济和社会生活的前提与基础。根据我国《宪法》第三十七条①规定，公民人身权利具体包括：生命健康权、人身自由权、人格尊严权、住宅不受侵犯权以及通信自由权。

（1）生命健康权。生命健康权又可以分为生命权与健康权。生命权是指公民生存的权利，是自然人最基本、最原始的权利，也是自然人享有其他权利的前提与基础；健康权是指自然人享有确保人体健康，精神正常，不受任何非法伤害的权利。生命健康权尽管由两部分权利组成，但是两者紧密联系，不可分离，身体健康的唯一前提是人必须活着，健康权只能建立在生命权的基础之上。人的生命只有一次，因此生命权不可转让、不受非法剥夺；非经法律许可，对他人生命的剥夺，构成故意杀人；给他人身体、精神带来损害，严重的不仅仅侵犯他人的健康权，还构成故意伤害，不仅要承担刑事法律责任还要承担精神损害赔偿。例如，北京某旅游学校学生甲某（案发时 17 周岁），读书期间多次与男友发生性关系，没有意识到自己已经怀孕。直到 2012 年 2 月，因腹痛难忍，被同学送到附近一家村诊所看病，在

---

① 《宪法》第三十七条规定，中华人民共和国公民的人身自由不受侵犯。任何公民，非经人民检察院批准或者决定或者人民法院决定，并由公安机关执行，不受逮捕。禁止非法拘禁和以其他方法非法剥夺或者限制公民的人身自由，禁止非法搜查公民的身体。

马桶上生下了一名男婴。因害怕被人发现，用手捂住男婴的口鼻，不让他哭出来；男婴不动后，又想把他冲进下水道。因无法冲入下水道，就将男婴放在纸篓里，用报纸盖住，离开。尸体被清洁工发现并报案。经法医鉴定，认定该男婴死于他杀。根据我国《刑法》的规定，甲某的行为是故意杀人。尽管孩子是自己生的，生下来之前，母亲可以选择堕胎；生下来之后，就不可以随意剥夺他人的生命，否则构成犯罪，要接受刑法处罚。法院依法认定甲某的行为构成了故意杀人罪，但因犯罪时未满18周岁，认罪态度好，平时表现也不错，最终判处甲某有期徒刑三年，缓刑三年①。

再如，徐某是某教育培训中心教师。2013年8月在教室对多名未满12周岁的幼女实施猥亵，手段恶劣，后果严重，侵犯他人身体健康权，构成猥亵儿童罪，按照我国刑法的规定被判处有期徒刑五年②。

1987年成立的陕西省陈耳金矿将矿山坑道发包给他人之后做起了"甩手掌柜"。由于没有尽到劳动安全保护监督职责，不少在陈耳金矿打工的人患上了"矽肺"。2002年10月开始，确诊"矽肺病"的矿工以及因"矽肺病"死亡旷工的家属陆陆续续到法院起诉，要求陈耳金矿承担工伤损害赔偿的责任。到2005年4月，法院接到72起同类案件，原告人数多达130人，涉案标的额高达4080万元。案件审理期间，24名"矽肺"患者死亡，大多数人丧失了劳动能力。最终法院裁决陈耳金矿承担481万元的损害赔偿责任③。

---

① 张媛. 17岁女生厕所生子溺毙 获缓刑返校［N］. 新京报，2014-12-20.
② 最高人民法院. 最高人民法院2014年11月24日发布未成年人审判工作典型案例98例［R/OL］. 最高人民法院网，2015-02-12.
③ 曾致24人死亡，案件历时3年多终审结 陕西矽肺案130原告获赔481万［R/OL］. 新浪网，2006-05-28.

（2）人身自由权。人身自由权包括身体不受非法拘束、行动自由，以及人身自由不受非法限制与剥夺等内容。保障公民人身自由是公民个人发展的前提条件。

2017年9月，因为借钱需要抵押，龚某将自己名下的轿车以7万元的价格抵押给甲公司后，同年10月又以4万元的价格将该车抵押给乙公司。甲公司在抵押合同到期之后将车卖给了李某。同年12月15日乙公司指派彭某等五人通过GPS定位寻找该车。五人找到该车后，将该车装上拖车返回山东。李某通过手机GPS定位发现该车在移动，以为车被盗。于是联合父亲李某秋、孙某、周某四人驾车追赶、拦截。追上后将彭某五人带到一处平房内殴打、体罚，导致彭某、蒋某、张某受伤；同时还向乙公司索要两万元"损失费"。乙公司按要求付款后，李某等人让受伤的三人自己买票回去，但是对另外两人继续非法拘禁，直至公司报警①。

李某等四人采用非法手段，限制他人人身自由，造成他人轻伤结果的行为，根据我国《刑法》的规定已经构成非法拘禁罪，依法应当承担刑事责任。

（3）人格尊严权。人格尊严权又称人格权。根据《宪法》第三十八条②的规定，国家承认和尊重公民作为平等的人与生俱来就享有的资格与权利，主要包括与人身密切相关的名誉、荣誉、姓名、肖像等。侵犯他人人格尊严，应承担法律责任。

例如，1998年7月，上海外国语大学的学生钱某带着小侄子到超

---

① 赫岩，樊晓慧，赵军. 全国扫黑除恶2019典型案例13非法拘禁他人 —涉恶犯罪团伙成员被判刑罚［EB/OL］. 天津公安网，2019-04-10.

② 《宪法》第三十八条规定，中华人民共和国公民的人格尊严不受侵犯，禁止用任何方法对公民进行侮辱、诽谤和诬告陷害。

市购物。离开时，店门口的报警器响了。女保安用报警器查看钱某随身带的物品，没有发现问题，但钱某走过报警器时，报警器仍然会响。女保安请钱某到位于地下室的办公室再次接受检查。这一次女保安用扫描器发现响声来自钱某的大腿外侧，女保安用手摸了一下，没发现异常，才告诉钱某可以离开。但钱某觉得自己的名声受影响，名誉受损，要求超市赔礼道歉，赔偿精神损失，超市拒绝。双方协议不成，钱某将超市告到法院，要求被告赔礼道歉，支付精神损失费 50 万元。根据法律的规定，本案的被告超市保安没有权力搜身，因此被告的行为确实侵犯了原告的人格尊严。一审法院判决被告向原告赔礼道歉并赔偿原告 25 万元精神损害赔偿。被告不服，提起上诉。最终二审法院判决被告向原告赔礼道歉并赔偿原告精神损失费 1 万元[①]。

　　尽管本案被告只承担了 1 万元精神损害赔偿金，但是这个案子却具有时代意义。当时的法律只规定人格权被侵犯，责任人要承担赔偿责任。但赔多少、怎么赔法律没有明确规定，由法院自由裁量，因此本案一审、二审判决结果悬殊。为了缩小各地差异，尽量同案同判，一把尺子量到底，2001 年最高人民法院审判委员会审议通过《最高人民法院关于确定民事侵权精神损害赔偿责任若干问题的解释》，统一了司法机关精神损害赔偿的认定标准。

　　（4）住宅不受侵犯权。我国《宪法》第三十九条规定，中华人民共和国公民的住宅不受侵犯。禁止非法搜查或者非法侵入公民的住宅。条文中的住宅是指公民居住、生活、休息的场所。

　　例如 2006 年 7 月 20 日 17 时许，被告人王某认为其岳父私藏爆炸物品被公安机关拘留是赵某举报所致，遂伙同本村郭某兵、郭某占、

[①]　翟建，李然. 我代理轰动全国的"屈臣氏搜身案"［J］. 世纪，2018（3）：22-25.

蔡某窜至博爱县寨豁乡东仲水村，被告人王某强行闯入赵某家，将赵某屋内放置的洗衣机、缝纫机、水缸、案板、煤球炉推翻。并将电视机、电风扇、电饭锅、暖水瓶、碗等生活用品砸坏。后被告人王某又窜至寨豁乡卫生院对赵某进行殴打。经鉴定，被损坏的物品价值1840元。河南省焦作市博爱县人民法院于2007年1月31日做出（2007）博刑初字第9号刑事附带民事判决，以非法侵入住宅罪判处被告人王某有期徒刑六个月，赔偿附带民事诉讼原告人赵某被损坏的物品损失款1330元。被告人不服，提起上诉，焦作市中院终审维持原判①。

（5）通信自由权。通信自由是指公民根据自己的意愿与他人通过书信、电报、传真、电话、微信、QQ等方式进行语言信息交流，不受他人非法干涉的自由。我国《宪法》第四十条规定②公民通信自由权不受非法侵犯。

曾某，腾讯公司负责系统监控工作的员工。2005年3月初，通过互联网认识了杨某后，两人合谋企图通过盗窃并出售他人的QQ号牟利。杨某负责物色QQ号和买家；曾某负责破解QQ号密码。曾某通过离职员工柳某用过但还没有注销的账号（可以查看QQ用户注册信息）进入腾讯公司计算机后台系统查找杨某需要的QQ账户资料。找到杨某需要的QQ号注册用户的个人信息资料后，通过网络把资料发回给杨某，再由杨某利用原始资料，重新更改QQ号密码出售给他人。前后两人共修改并出售QQ号130个，非法所得合计61650元，其中

---

① 河南焦作市人民法院（2009）焦刑一终字第72号. 被告人王明非法侵入住宅一案 [EB/OL]. 中国裁判文书网, 2009.
② 《宪法》第四十条规定中华人民共和国公民的通信自由和通信秘密受法律的保护。除因国家安全或者追查刑事犯罪的需要，由公安机关或者检察机关依照法律规定的程序对通信进行检查外，任何组织或者个人不得以任何理由侵犯公民的通信自由和通信秘密。

曾某分得 39100 元。最终深圳市南山区法院以侵犯通信自由罪分别判处曾某、杨某拘役六个月，追缴各自违法所得，上缴国库①。

3. 宪法保障公民财产权

财产是公民赖以生存的物质基础，是公民获得自由、实现经济利益的重要保障。

根据我国《宪法》第十三条②的规定，公民、法人、非法人组织通过合法渠道获得的财产以及对财产享有的占有、使用、收益、处分的权利受宪法和法律保障。法律规定范围内的公民财产权包括私有财产权与继承权。

（1）私有财产权。私有财产权是指公民合法拥有的个人财产，例如物权、债权、知识产权等生产、生活资料不受非法侵害。例如西安某大学大一学生杨某，2017 年 6 月到 2018 年 7 月，短短 13 个月左右的时间，利用手机模型调换真手机的方法，7 次盗窃他人手机，涉案金额高达 46350 元。根据我国《刑法》的规定，杨某的行为构成盗窃罪，且数额巨大，依法应当承担刑事责任③。

（2）继承权。继承权是被继承人死亡后，继承人依法取得被继承人遗产的权利与资格；非依法律规定，任何人不能剥夺继承人的继承权。我国关于继承权的具体规定主要是《中华人民共和国民法典·继承编》。

---

① 广东省深圳市南山区人民法院刑事判决书（2006）深南法刑初字第 56 号曾志峰、杨医男侵犯通信自由案［EB/OL］. 中国裁判文书网，2020-04-16.
② 《宪法》第十三条规定公民的合法的私有财产不受侵犯。国家依照法律规定保护公民的私有财产权和继承权。国家为了公共利益的需要，可以依照法律规定对公民的私有财产实行征收或者征用并给予补偿。
③ 刘琰. 21 岁大学生犯盗窃罪获刑 3 年 称用赃款给奶奶买药［EB/OL］搜狐网，2018-12-01.

例如，2004 年 1 月，甲同意妻子乙采用人工授精方式怀孕。乙怀孕后不久，甲因病住院，查出癌症。甲告诉乙不想要这个孩子，希望乙堕胎，乙拒绝。同年 5 月，甲留下遗嘱：一是不要乙人工授精的孩子；二是将个人名下的一套房赠送给自己的父母。甲去世后，乙顺利生下了一个男孩丙。因为甲的遗产分割引发争议，乙请求法院确认甲的遗嘱部分无效①。为了保护胎儿的利益，我国继承法明确规定，被继承人应当在遗嘱中给胎儿留下应继份额，否则，遗嘱部分无效。本案中尽管甲单方面表示不要丙这个儿子，但是从法律的角度来看，丙仍然是甲的儿子。遗嘱剥夺中，有关丙的继承权的内容，违反法律的禁止性规定，因此法院确认遗嘱内容部分无效。甲某名下的遗产应当由甲的父母、乙以及丙共同继承。

4. 宪法保障公民社会经济权

社会经济权是公民依法享有的经济生活和物质利益方面的权利。我国宪法第四十二~四十五条②和相关法律规定，公民有权要求国家

① 最高人民法院指导案例 50 号. 李某、郭某阳诉郭某和、童某某继承纠纷案［R/OL］. 中国法院网，2015-04-23.

② 《宪法》第四十二条规定，中华人民共和国公民有劳动的权利和义务。国家通过各种途径，创造劳动就业条件，加强劳动保护，改善劳动条件，并在发展生产的基础上，提高劳动报酬和福利待遇。劳动是一切有劳动能力的公民的光荣职责。国有企业和城乡集体经济组织的劳动者都应当以国家主人翁的态度对待自己的劳动。国家提倡社会主义劳动竞赛，奖励劳动模范和先进工作者。国家提倡公民从事义务劳动。国家对就业前的公民进行必要的劳动就业训练。《宪法》第四十三条规定，中华人民共和国劳动者有休息的权利。国家发展劳动者休息和休养的设施，规定职工的工作时间和休假制度。《宪法》第四十四条规定，国家依照法律规定实行企业事业组织的职工和国家机关工作人员的退休制度。退休人员的生活受到国家和社会的保障。《宪法》第四十五条规定，中华人民共和国公民在年老、疾病或者丧失劳动能力的情况下，有从国家和社会获得物质帮助的权利。国家发展为公民享受这些权利所需要的社会保险、社会救济和医疗卫生事业。国家和社会保障残废军人的生活，抚恤烈士家属，优待军人家属。国家和社会帮助安排盲、聋、哑和其他有残疾的公民的劳动、生活和教育。

根据社会经济的发展状况，及时采取措施，加强社会保障，提供社会服务，维护公民正常且有尊严的基本生活需要。公民的社会经济权包括劳动权、休息权、社会保障权、物质帮助权。

（1）劳动权。劳动创造财富，公民通过劳动获得自己的生活资料和消费资料；国家、社会通过公民劳动发展生产力、积累社会财富、提高社会福利。因此劳动对公民、对国家都很重要。劳动不仅仅是公民赖以生存的基础，而且也是社会发展的前提条件。国家应当积极创造条件，给有劳动能力的公民创造劳动就业的机会；同时国家还应当为公民行使劳动权提供必要的人身、财产安全保障，不仅要提供适当的劳动条件，还要保障劳动者获得应得的劳动报酬，严厉打击侵犯劳动者人身、财产权的行为。

例如 2006 年 2 月到 9 月，北京某砖厂王某甲受砖厂承包人刘某的指使，伙同刘某、郑某、王某乙等人，采用限制人身自由、不发工资、强迫长时间劳动等手段，强迫李某、柯某、刘某等 12 人劳动。王某甲强迫他人劳动的手段恶劣、后果严重，按照我国《刑法》的规定，构成强迫职工劳动罪。王某甲最终被法院以强迫职工劳动罪判处有期徒刑八个月，并处罚金一万元①。

（2）休息权。人的身体不是铁打的，人的身体机能决定劳动一段时间之后必须有修复的时间。因此为了保护劳动者的身心健康、体力与精神能得到及时恢复，提高劳动效率，法律规定劳动者有休息、休养的权利。

例如 2011 年 1 月 27 日—2 月 10 日，因临近节假日，业务繁忙，

---

① 丰台人民法院（2008）丰刑初字第 01799 号. 王树青强迫职工劳动案［EB/OL］. 中国裁判文书网，2020-04-18.

广州某宾馆点心师傅徐某被单位安排连续上班。2月7日，因身体不舒服，他拿着医院证明请求休假，遭到领导拒绝。2月15日，徐某因重症肺炎死亡。徐某的家人认为，单位安排徐某连续上班，身体不舒服也不让请假，因此徐某是累死的。单位侵犯了徐某的休息权，应该承担法律责任。双方协商不成，徐某家人将广州某宾馆诉至法院，要求被告承担法律责任。法院审理认为：徐某患病是死亡的主要原因；被告安排徐某连续上班，导致其无法及时休息和就医，加重了他的病情，应该承担次要的法律责任①。

（3）社会保障权。又称福利权，是公民个人或者家庭遇到天灾人祸、疾病、失业等收入减少，面临经济困难时，有获得国家物质帮助的权利。社会保障权对中低收入的家庭意义重大，它能保证困难家庭的生活水平不低于社会基本生活水平，可以维护公民最基本的有尊严的生活。社会保障权主要包括医保②、社会保险③、社会救助④、社会优抚⑤、社会福利⑥等社会保障，为公民能过上有尊严的生活提供必要的制度基础。

---

① 田伟，冯云清. 广州一男子带病加班死亡被诊重症肺炎［N］. 广州日报，2014-07-15.

② 医保指社会医疗保险，是国家和社会根据法律法规，满足劳动者患病时基本医疗需求的社会保险制度。

③ 社会保险，是指国家通过立法建立的一种社会保障制度，目的是使劳动者因年老、失业、患病、工伤、生育而减少或丧失劳动收入时，能从社会获得经济补偿和物质帮助，保障基本生活。

④ 社会救济，是指国家和社会对生活在贫困线以下的低收入者或者遭受灾害的生活困难者提供无偿物质帮助的一种社会保障制度。

⑤ 社会优抚，是指国家对从事特殊工作者及其家属，如军人及其亲属予以优待、抚恤、安置的一项社会保障制度。

⑥ 广义的社会福利是指国家为改善和提高全体社会成员的物质生活和精神生活所提供的福利津贴、福利设施和社会服务的总称。狭义的社会福利是指国家向老人、儿童、残疾人等社会中需要给予特殊关心的人群提供的必要的生活保障。

例如医保，是在被保险人患病时国家提供基本医疗保障的一种制度。过去我国有关因病返贫的新闻报道屡见不鲜，自从构建起全民医保制度后，有病不敢看、有病不能看的现象越来越少。据人民网 2018 年 4 月 25 日报道，国家卫健委财务司副司长刘魁 4 月 19 日在媒体见面会上介绍，我国建档立卡贫困户中，因病致贫、因病返贫的比例均在 42% 以上①。如果国家能够健全医疗保险制度，使老百姓有病能就医、有病敢就医，无疑对那些有病看不起的家庭而言是雪中送炭。例如新疆和田市玉龙喀什镇农民 2018 年因结核病和胆结石住院治疗，总共花了 4200 多元医疗费，个人只承担了 300 多元，大大减轻了家庭的负担②。

（4）物质帮助权。我国《宪法》第四十五条规定，公民因年老、疾病、丧失劳动能力，无法通过正常途径获得必要的生活物质资料时，有从国家和社会中获得生活保障，享受集体福利的权利。据此，残废军人、烈士家属、军人家属、残疾人、老年人、收入过低的人（低于当地最低生活保障标准），只要符合法律规定的条件，无论城市居民还是乡村农民均享有物质帮助权，例如帮助安排职业培训、提供就业机会、创造特别的劳动条件、提供生产服务、技术指导、帮助提供农用物资供应等生产、生活、教育、住房等方面的帮助。

例如武汉市江夏区某中学学生吴某，其母亲因病去世，父亲残疾，没有劳动能力，全家靠爷爷一人打工支撑，是武汉市江夏区精准扶贫户。多年来，政府、学校通过政策兜底、教育资助等多种方式，帮助

---

① 蔡熊更. 国家卫健委：解决因病致贫因病返贫问题 打赢健康脱贫攻坚战 [EB/OL]. 人民健康网，2018-04-25.

② "健康扶贫"助力群众摆脱"因病致贫""因病返贫" [R/OL]. 新华网，2018-10-12.

吴某一家渡过难关。2020 年新冠疫情期间，班主任代表学校特意为吴某送来一部平板电脑，保证吴某能线上正常学习，为这个摇摇欲坠的贫困家庭送来温暖，带来希望①。

5. 宪法保障宗教信仰自由

宗教信仰自由是指公民有权利按照自己的意愿信仰或不信仰宗教，以及信仰何种宗教的自由。我国《宪法》第三十六条②规定，公民有宗教信仰的自由。

2014 年 5 月 28 日 21 时许，张某等六人（包括一名未成年人）为发展邪教（"全能神教"③）组织成员，在山东省招远市一家麦当劳快餐店内吃饭的时候，向店里正在就餐的食客索要电话号码，因此与同在该店就餐的吴某发生口角。吴某遭到了张某等六人的殴打，受伤送医院救治，经医院抢救无效后死亡④。张某等人的行为不仅侵犯被害人的宗教信仰自由，还构成故意杀人罪。

6. 宪法保障公民文化教育权

文化教育权包括公民接受教育的权利和公民进行科学研究、文学艺术创作等活动的自由。文化教育权是公民在教育和文化领域中享有

① 张皓. 疫情期间线上学习不能掉队，班主任为困难学生送来平板电脑 [N]. 楚天都市报，2020-03-13.
② 《宪法》第三十六条规定，中华人民共和国公民有宗教信仰自由。任何国家机关、社会团体和个人不得强制公民信仰宗教或者不信仰宗教，不得歧视信仰宗教的公民和不信仰宗教的公民。国家保护正常的宗教活动。任何人不得利用宗教进行破坏社会秩序、损害公民身体健康、妨碍国家教育制度的活动。宗教团体和宗教事务不受外国势力的支配。
③ 全能神 [EB/OL]. 360 百科，2020-08-10. 全能神教是 1989 年赵维山创立的，又称"东方闪电""七灵派""女基督派""实际神"。该教崇拜一名被称为"女基督"的神秘女子，打着基督教的旗号，散布他们的歪理邪说，严重危害了基督教会的健康发展及社会的正常秩序，是当前国内最具危害力的邪教组织之一。
④ 李芬. 五年前山东招远麦当劳里的血案，你还记得吗？ [EB/OL]. 搜狐网，2019-06-02.

的权利和自由。我国《宪法》第四十六①、四十七②条对此有具体规定。

（1）受教育权。学习文化知识、生产技能和相关社会规则是公民适应社会、独立生存、发展的前提条件。反过来说，个人有了生存必要的能力，熟悉社会发展的规则，才有可能对社会发展尽心、尽责，因此接受教育对公民而言既是权利也是义务。

1995年7月28日，《法制日报》刊载了我国首例侵害考生受教育选择权案。武汉大学附属中学就读的程某即将初中毕业，他在中考志愿表中填写的第一志愿是华中师范大学第一附属中学，第二志愿是武汉大学附属中学。但是武汉大学附属中学未经其同意，擅自将第一志愿改为武汉大学附属中学。中考成绩公布后，因为志愿填报问题，程某没有被华中师范大学第一附属中学录取。程某的父母与武汉大学附属中学协商不成，不得已向武汉市武昌区人民法院起诉武汉大学附属中学侵犯程某受教育选择权③。显然本案中的被告武汉大学附属中学擅自篡改程某中考志愿的做法确实侵犯了程某的受教育选择权。

（2）有进行科学研究、文学艺术创作等活动的权利与自由。邓小平同志说过，科技是第一生产力。人类的发明创造不仅推动了人类社会发展，也推动了科学技术的发展、创新。例如火药、指南针、造纸术、印刷术，这四大发明推动了中国经济、社会、文化发展，使得中

---

① 《宪法》第四十六条规定，中华人民共和国公民有受教育的权利和义务。国家培养青年、少年、儿童在品德、智力、体质等方面全面发展。

② 《宪法》第四十七条规定，中华人民共和国公民有进行科学研究、文学艺术创作和其他文化活动的自由。国家对于从事教育、科学、技术、文学、艺术和其他文化事业的公民的有益于人民的创造性工作，给以鼓励和帮助。

③ 我国首例侵害考生受教育选择权案［EB/OL］. 华律网, 2019-11-03.

国成为当时世界上最强大的国家；四大发明传到世界之后，推动了全球经济、文化发展。例如指南针用于航海，结果西方国家发现了新大陆、开辟了新航线，还证明了地球是圆的，大大推进了西方的经济、文化发展。因此鼓励公民积极进行科学研究，参与文学艺术创作以及其他文化活动，保护公民的智力创造成果对推动国家科技文化发展有重要的作用。

例如，1886年约翰·彭博特偶然发明了一种药水，合伙人佛兰克·罗宾逊将之命名为"COCACOLA"，也就是我们现在耳熟能详的饮料可口可乐。在1919年之前，可口可乐的配方都是口口相传，没有按照商业秘密注册登记，因为一旦配方注册专利，就要公开配方，一旦保护期届满，任何人都可以按照配方制造原汁原味的饮料。直到银行家厄内斯特·伍德拉夫买下这份配方后，才写在纸张之上。此后这份配方一直被秘密锁在美国亚特兰大某银行的保险柜中。随后的几十年，不断有人声称破解了可口可乐的原始配方，但公司只承认自己的配方是唯一的真正配方。2005年，处于营销策略考虑，公司决定将配方转移到美国亚特兰大的博物馆中。正是凭借着严格的保密机制，可口可乐现在是世界上最值钱的品牌之一，因为全世界平均每天要喝掉20亿瓶可口可乐①。而且可口可乐已成为美国文化的代名词之一。

7. 保障海外公民的人身、财产安全

当本国公民在国外，合法权益被侵犯或者得不到保障，国家应该采取有效措施保护海外公民的人身、财产安全。例如2011年利比亚战争爆发前夕，为了保护在利比亚工作、生活的中国人，同年2月22日

———————

① 可口可乐的配方到底有什么秘密？居然能卖到全世界［EB/OL］. 搜狐网，2019-01-08.

至 3 月 5 日，中国政府先后派出 91 架次民航包机、12 架次军机，5 艘货轮、1 艘护卫舰，租用 35 架次外国包机、11 艘次外籍邮轮和 100 余班次客车，最终将 35860 名中国公民平安撤出利比亚；同时把中建八局海外部利比亚分公司 3700 多兄弟公司的中国员工和 950 多名来自孟加拉国、越南的外籍员工安全撤出了利比亚①。2020 年 1 月 31 日，中国政府派出首架民航包机从泰国曼谷出发，将滞留海外的 76 名湖北籍游客接回湖北武汉天河机场②。

（二）公民、法人、非法人组织权利的立法保障

宪法保障是权利保障的前提与基础，明确了国家尊重和保障公民权利的态度，列明了公民基本权利清单。但是宪法是国家基本法，需要调整、规范的领域广泛而不具体，因此需要国家各级立法机关通过制定具体的法律规定予以补充、完善、细化。各级立法机关制定的具体法律规定包括：全国人大及其常委会制定的法律，如《民法典》；国务院制定的行政法规，如《行政法规制定程序条例》；国务院各部门制定的部门规章，如人力资源和社会保障部制定的《人才市场管理规定》；省、自治区、直辖市人大及其常委会制定的地方性法规，如《江西省林木种子条例》《湖南省地质环境保护条例》；较大的市人大及其常委会制定的地方法规，如《南昌市居家养老服务条例》《南京市教育督导条例》；省、自治区、直辖市及较大的市人民政府制定的地方政府规章，如《杭州市城市绿化管理条例实施细则》《杭州市商品混凝土管理办法》；自治区、自治州、自治县制定本辖区内的自治

---

① 丛笑. 利比亚撤侨亲历者讲述：唱国歌举国旗过境没花 1 分钱［EB/OL］. 广州日报，2017-10-07.

② 中国政府派出的首架民航包机自泰国曼谷出发，搭载 76 名湖北同胞安全抵达武汉天河机场［EB/OL］. 新华网，2020-01-31.

条例和单行条例，如广西壮族自治区龙胜县人大公布实施的《龙胜各族自治县自治条例》、三江侗族自治县人民代表大会修订的《三江侗族自治县自治条例》、广西壮族自治区人大常委会制定的《广西壮族自治区少数民族语言文字工作条例》等。

通过不同立法机关层层立法，进一步完善对公民、法人、非法人组织的权利保障。当然立法机关不同，可能会在同一问题上出现立法矛盾，全国人大制定的《立法法》已经预估到这种问题的产生。《立法法》规定了法律冲突的解决办法：上位法优于下位法、新法优于旧法、成文法优于不成文法、国际法优于国内法、法不溯及既往。

（三）公民、法人、非法人组织权利的执法保障

行政执法保障是公民权利保障的关键环节。行政机关在行使行政管理权的过程中，必然要涉及行政相对人的利益，行政机关在执法中稍有不慎，很可能损害或侵犯公民的合法权利。因此公民权利保障关键在于行政机关的执法行为是否正当、合理。

我国的行政机关包括中央和省、自治区、直辖市、设区的市、县、乡镇、民族乡等地方各级人民政府，以及各级人民政府中享有执法权的下属行政机构，例如公安、税务、物价等部门。法律授权的社会组织和行政机关委托的社会组织可以在授权范围内执行法律，例如各省市卫生防疫部门、食品卫生监督站可以根据《中华人民共和国食品安全法》的授权，对食品卫生检查监督。因此有人说国家行政机关是"上管天、下管地、中间包括管空气"。这句话非常形象地说明了国家行政机关的行政行为涉及国家、社会、公民生活的方方面面。从老百姓的"衣食住行"到国家大政方针、国家对外交往等等都是国家行政机关的行政行为。国家行政机关的行政保护如果能够到位，无疑是对

公民权利的最好保障。尤其是特殊时期，更加凸显国家行政机关保障人民权利的重要性。

例如 2020 年年初，武汉发生新冠肺炎疫情，形势严峻。为了防止疫情传播，各级政府采取各种严格防范措施防止疫病的传染。例如隔离、不聚餐、不聚会、封城等等。特别是雷神山、火神山医院的构建，从决定建设到正式接收病人，建起可容纳 1000 个床位的火神山医院、1500 个床位的雷神山医院，只有短短 10 天时间。这完全是党的坚强领导之下，各级政府强力推动的结果。不仅创新了中国速度，而且创造了当代神话。

当然这些举措的代价是国家巨大的经济损失：各行各业推迟开工时间；很多居民住宅小区全封闭管理；中小学、大学延期开学；新年贺岁片不上映或者推迟上映时间；餐馆准备新年囤积的食材要么贱价处理，要么免费送人；旅游公司关门歇业；等等。

反过来，对于利用疫情哄抬物价、发国难财的投机分子，政府采取极其严格的处罚措施予以惩罚、教育。例如 2020 年 1 月 27 日，河北保定市市场监督管理局接到举报：保百购物广场有限公司所属超市存在严重价格违法行为，一棵白菜卖 38 元。保定市市场监督管理局迅速启动立案程序和案件审理程序，根据违法事实和相关法律法规，拟给予该单位 200 万元的行政处罚。同样，2020 年 1 月 23 日北京市市场监管局调查发现：北京药店大幅提高口罩售价，将进价为 200 元/盒的 3M 牌 8511CN 型口罩（十只装），大幅提价到 850 元/盒（同时期该款口罩网络售价为 143 元/盒）对外销售。丰台区市场监管局接到举报后，立即着手开展调查，查证属实后对该药店送达《行政处罚听证告知书》，拟对其做出罚款 300 万元的行政处罚。这是疫情防控以来北京市监管部门开出的首张重磅罚单①。疫情期间，中国政府之所以采取如此严格的措施，目的就是保障公民的生命、财产安全，维护特殊时期社会秩序的稳定，维护国家长治久安。因此合法、正当的行政执法保障能够更好地保护公民、法人、非法人组织的合法权利。

（四）公民、法人、非法人组织权利的司法保障

司法是国家司法机关及其工作人员依照法律的规定，按照法定程序处理案件的专门活动。司法不仅仅是解决公民个人之间权利纠纷的有效渠道，也是防范、遏制国家行政机关侵犯公民权利的强有力手段之一。由于以国家强制力为后盾，因此司法机关做出的裁决，非经法定程序不得推翻。司法保障也因此被认为是公民、法人、非法人组织权利保障的最后防线。我国司法机关包括人民法院和人民检察院。前者是国家审判机关，负责各类案件的审理与执行；人民检察院则具有双重职能，除了在刑事案件中承担公诉职责外，还是法律监督机关，负责监督其他司法机关、国家机关及其工作人员的职务行为是否正当、合法。

每年全国人民法院、人民检察院处理的案件数量以百万计。2019年7月31日最高人民法院发布的数据显示，2019年上半年，全国法院审执结案件总数同比增加174.1万件。各省（区、市）法院新收案件1488.9万件，同比上升14.54%。其中广东、河南、江苏3省法院新收案数均超100万件②。2019年9月25日，最高人民检察院召开新闻发布会，公布：2019年1月到8月全国检察机关共受理各类行政诉

① 中国零售网. 超市菜价过高、涨价过快！被罚200万元！药店口罩乱涨价被罚300万！[EB/OL]. 搜狐网，2020-01-30.
② 张素. 最高法：2019年上半年全国法院结案数同比大幅增加 [EB/OL]. 中国新闻网，2019-07-31.

讼监督案件 1.5 万起，其中受理裁判结果监督案件 8000 余件；提出抗诉和再审检察建议 90 余件；受理审判人员违法行为监督案件 700 余件；提出检察建议 490 余件；受理执行活动监督案件 6900 余件；提出检察建议 5400 余件。各级检察机关在依法监督错误裁判和违法行为的同时，对事实认定正确、法律适用准确、程序合法的案件，依法做出不支持监督申请决定 6000 余件①。

　　不管是最高人民法院公布的数据还是最高人民检察院公布的数据，都充分说明了司法维权是公民权利保障的重要途径。司法机关通过以案说法、释法说理，公平公正解决纠纷，调处矛盾，不仅有利于维护人民群众的合法权益，而且有利于维护司法权威，特别是极大地提升了国家司法机关的公信力。其次，"两高"数据也反映了公民对我国司法机关的信任，越来越多的公民、法人、非法人组织选择通过司法渠道维护自身权利；"两高"数据同时也说明了我国普法教育成果显著，公民的法治意识越来越强烈，法治思维越来越成熟。

---

① 白阳. 截至 8 月全国检察机关受理行政诉讼监督案件同比上升 70%［EB/OL］. 新华网，2019-09-25.

第七章

正当程序与正当程序思维

"你有权保持沉默，但你所说的每一句话都将作为呈堂证供。"这是很多人看香港 TVB① 电视、电影时经常听到的一句话。但这句话的含义及其来源可能很多人都不知道，它被业内人士称为"米兰达警告"，源于 1963 年"米兰达诉亚利桑那州案"②。

1963 年 3 月 3 日的深夜，一位女孩下班回家的路上被一名男子强行塞进汽车，绑住手脚，强迫发生了性行为。事后，被害人报了案。根据被害人的描述，3 月 13 日警察抓获了米兰达。受害人指认他是犯罪嫌疑人；米兰达也承认是自己干的，不仅写了供认书，而且签了名。法院据此判决米兰达的行为构成劫持罪和强奸罪，分别判处监禁 20 年和 30 年。米兰达不服法院判决，多次以警察强迫自己自证其罪，违反美国宪法第五修正案③的规定为由，向美国联邦最高法院提起上诉。

---

① TVB 是香港电视广播有限公司的缩写。
② 米兰达警告 [EB/OL]. 搜狗百科，2020-06-20.
③ 美国宪法第五修正案规定，无论何人，除非根据大陪审团的报告或起诉书，不受死罪或其他重罪的审判，但发生在陆、海军中或发生战时或出现公共危险时服役的民兵中的案件除外。任何人不得因同一犯罪行为而两次遭受生命或身体的危害；不得在任何刑事案件中被迫自证其罪；不经正当法律程序，不得被剥夺生命、自由或财产。不给予公平赔偿，私有财产不得充作公用。也就是任何人不得在任何刑事案件中被迫自证其罪。

美国联邦最高法院多数法官认为，尽管警察没有强迫米兰达的肉体，但存在某种心理的"强迫"。例如，警察局的审讯室、审讯时使用"攻心术"，现场除被告之外都是警察，甚至审讯时还可能存在"引诱"，等等，这些对被告均会产生某种"强迫"，从而做出对自己不利的供述。显然这样的"供认"可信度很低，不应该作为法院裁决的证据使用。因此1966年美国联邦最高法院沃伦法官裁决将该案撤销原判，发回重审。理由是米兰达在接受警察讯问之前，有权知道自己根据美国宪法第五修正案理应享有的权利；反过来，警察有义务告知犯罪嫌疑人美国宪法第五修正案赋予的权利；警察必须事先告知犯罪嫌疑人享有美国宪法第五修正案赋予的权利，才可以开始讯问。反之，如果警察事先没有告知犯罪嫌疑人其拥有该权利，犯罪嫌疑人的供述不能成为警察定案的依据。然而案件发生后，警察讯问米兰达时没有按照法律规定的程序告知米兰达享有宪法第五修正案赋予的权利，严重侵犯了米兰达的人权，因此据此获得的证据不能作为定案的依据。随后，亚利桑那州法院对该案重新审理，包括重新选择了陪审员，检控机关重新递交了证据。这次审理，由于米兰达的女友作为证人提供了对其不利的证词以及其他证据，因此米兰达再次被判有罪，但这次只判决米兰达有期徒刑11年。通过"米兰达诉亚利桑那州案"的裁决，美国联邦最高法院明确规定：自此之后，警察必须在审讯之前明确告诉被讯问者以下权利，"有权保持沉默，如果选择回答，那么所说的一切都可能作为对其不利的证据；有权在审讯时要求律师在场；如果没有钱请律师，法庭有义务为其指定律师；如果警察在讯问之前不告诉被讯问者这项权利，那么警察就要承担法律责任"。

1992年香港保安司在吸收、借鉴"米兰达警告"成功经验的基础上颁布了《查问疑犯及录取口供的规则及指示》，主要是给执法人员查问、录取口供确立参照标准，目的是保护被讯问者的人权。根据这份文件的规定，讯问犯罪嫌疑人时都应该告知其享有的权利："你有权不说任何话，除非你要说；但你所说的将被记录在案并将成为证据。"① 近30年的实践证明，香港警察不仅很好地执行这一规定，而且做得比美国还好，产生了非常好的社会效果和法律效果。

因此米兰达警告实际上是对警察取证应当遵守正当程序的基本要求，目的是保护犯罪嫌疑人的合法权利，是保证案件公正审理的前提与基础。

一、正当程序与正当程序思维的内涵

（一）正当程序的内涵

正当程序是指做事情需要按照一定的程序、遵循一定的规律进行，否则事情不仅做不好，甚至可能产生不必要的麻烦。法律视野下的正当程序最早起源于1215年英国《自由大宪章》第39条②的规定。该文件的立法意图是保护自由民的人身、财产权利，是防止公权力滥用、保护人权的重要手段。正当程序最早在司法领域适用，因其与生俱来的合理性与正义性后来逐渐扩展到其他领域。正当程序主要包括两个规则：一是任何人不可以做自己案件的法官，因为如果身份难以保证中立，结果必将难以保证客观、公平、公正；二是任何人如果可

① 卢莹. 香港自白任意性规则 [N]. 人民法院报，2018-11-09.
② 1215年英国《自由大宪章》第39条规定，凡自由民，如未经其同级贵族之依法裁判，或经国法判决，皆不得被逮捕，监禁，没收财产，剥夺法律保护权，流放，或加以任何其他损害。

能受到国家机关不利行为的影响，有获得告知、说明和申辩的机会和权利。案件审理结果或者国家机关行为如果对他人不利，应该给予他人说明、申辩的机会。之所以这样规定，一方面是为了保证裁决结果公平、公正；另一方面是为了让当事人心服口服地接受最终结果。

以民事诉讼审判程序为例：首先实行不告不理原则。原告不主动到法院起诉，法院不能主动找事，以免违反被动性原则，进而影响法院中立的地位。其次实行回避制度。如果发现审判人员或者其他诉讼参与人与本案有某种利害关系，应该主动申请回避；当事人也可以申请其回避。因为你不能"既当运动员又当裁判员"，否则将会影响案件审理结果的公正。再次是辩论原则。双方当事人都可以在法庭发表自己的观点，针对对方的证据质疑，以影响法官对事实的认定。最后是公开审判。现在法院审理案件要求同步录音录像，这就使得任何人可以通过最高人民法院庭审公开网观看任何一个公开开庭审理的案件全过程。只有让法院审理案件的整个司法程序尽量在阳光下运行，才能减少或者杜绝暗箱操作，才能保证案件审理结果的公平、公正。在正当程序的要求下，程序正义以肉眼可见的方式得以实现和保证。

法律设立正当程序的目的是保证法院判决结果或者国家行政机关的行政行为对当事人公平、公正，使当事人更容易接受正当程序基础上的结果。同时也说明了程序正当是保证实体①公正的前提与基础。程序正当，实体可能公正；程序不正当，实体必然不公正。只有按照法律规定的正当程序处理，结果才具有公信力和权威性。

（二）正当程序思维的内涵

正当程序思维是一种要求国家机关、公民、法人养成按照法律规

---

① 实体是指与当事人权利与义务有关的部分。

定的步骤、方式、方法处理问题的思维方式。事实上，程序是预先设定的，不可能为某人量身定做也不可能事先安排。国家机关只要严格按照法律程序处理案件，结果就能够体现公平、公正，具有公信力和权威性，容易为当事人、相对人接受；公民、法人、非法人组织只有按照法定程序办事、处理纠纷，才能维护自己的合法权益。

二、正当程序思维的具体要求

（一）程序合法

程序合法是指程序运行要符合法律的既有规定，有关机关或个人不得违反或者变相违反法律的规定。例如在"辛普森案"中，因为控诉方程序严重违法导致案件最终无法盖棺论定。

1994 年 6 月 12 日深夜，前美式橄榄球运动员辛普森的前妻妮克·布朗·辛普森与餐馆的侍应生郎·高曼被人杀死在洛杉矶西部一豪华住宅区里。种种迹象表明，辛普森有重大嫌疑。庭审中检控方提供的证据因为程序不合法遭到了陪审团的质疑，最终导致陪审团一致认为辛普森故意杀人罪名不成立，但辛普森却要承担两人死亡的民事责任。

检控方提供的证据存在的程序问题主要有：第一，案发后，警察一开始无证搜查辛普森家，后来补办了搜查证，但搜查证上的搜查理由写错了；第二，警官没有按照规定及时通知验尸官和法医现场勘查，影响了现场提取的证据的可信度；第三，案发后几周，警方才发现案发现场后门有大量血迹、辛普森的袜子上有血迹；第四，警方没有完整地保护好犯罪现场，警方拿受害人家里的毛毯遮盖尸体，还曾拖动、搬移过尸体，破坏了凶案现场痕迹，导致受害人身上发现的毛发和纤维物质无法判断属于谁所有；第五，警察在辛普森家中找到的血手套，辛普森戴着明显不合适；第六，警署护士证明她从辛普森的身上抽取了大约 7.9~8.1 毫升血样，但在警方实验室中只找到 6.5 毫升血样，剩下的血样不见了。而警长瓦纳特曾经带着辛普森的血样回到过犯罪现场，因此警长瓦纳特的行为可能是为了借机伪造证据。就这样，检控方辛辛苦苦收集的这些关键性证据，因为侦查程序的违法或者不合法，被辛普森重金聘请的"梦之队"律师团——驳倒。一个世界上没有一个法官认为辛普森无罪的案件，却因为警方违反法律程序最终导致陪审团认为辛普森杀妻罪名不成立。

（二）程序中立

程序中立是指法律程序从设计到运行都不应当偏向其中参与程序的任何一方，而是平等地对待任何程序参与者，给予参与者平等的权利与义务。程序中立能最大限度地保证结果公平，能以看得见的方式实现公平、正义。程序中立包括程序应该预先设置、设立的程序应该中立、程序设定者应该保持中立三方面。

1. 程序应该预先设置

预先设置程序的好处就在于可以保持程序的中立性。因为是预先设置程序，因此无法预知特定主体是谁，更无法预知哪些主体的利益将会因此受益或者因此受损。例如我国的三大程序法：《民事诉讼法》《刑事诉讼法》《行政诉讼法》，明确规定了法院审理案件的各个环节，以及各个当事人、诉讼参与人的权利与义务以及法院、检察院等国家机关的权利与义务。按照预先设定好的程序进行诉讼，既方便当事人诉讼，也方便法院审理案件；不仅有利于保护当事人的合法权益，也有利于保护其他程序参与人的合法利益，教育其他公民自觉遵守法律，维护社会、经济秩序。

2. 程序内容应该体现中立

合理、科学的程序规定首先要求程序内容中立，不应偏向其中的任何一方，应该在双方当事人争议的矛盾与焦点之间不偏不倚，给予双方当事人平等的法律地位和对等的表达意愿的机会，以保证各方都能以事实为依据、以法律为准绳进行辩论，同样情况同样对待，以此保证结论或决定是在遵循程序规定的前提下自动得出的结果。例如，《圣经》上有一个母亲分饼的故事①。一块饼，两兄弟分，最初母亲怎么提议，两个儿子都觉得不公平。母亲提出"老大分饼，老二先挑"的程序规则后，两兄弟无话可说。最终两块饼虽然分得肯定大小不一，但在"一人切饼，另一人先挑"的程序规则之下，两兄弟不论谁觉得自己吃了亏，能怪的人只有自己。

3. 程序的设定者在程序运行中应该保持中立

设定程序的人应该保持中立，该回避应该回避，否则不仅不能实现制定程序的目的，甚至可能自身不保。例如，2011年最高人民法院依据我国《中华人民共和国公务员法》《中华人民共和国法官法》和《中国共产党党员领导干部廉洁从政若干准则》制定《最高人民法院关于对配偶子女从事律师职业的法院领导干部和审判执行岗位法官实行任职回避的规定》（以下简称《规定》）。该《规定》明确要求那些有配偶或者子女在任职法院辖区内从事律师职业的人民法院领导干

_____

① 圣诞节到了，贫穷母亲只能给她两个儿子一块小小的面饼作为圣诞晚餐。可是两个不懂事的儿子却给他们的妈妈出了个难题，无论她打算怎么分，总有一个儿子说妈妈偏心，把自己这边分得小了。万般无奈，这位妈妈只好想了个办法："老大，你过来，你来切这个饼。但有个条件，你要让你弟弟先挑切好后的半个饼。"这一下，兄弟俩都没话说了。老大只有尽量切得一般大小，否则自己肯定只能得到小的一半；而老二则只好瞪大眼睛，尽力挑出稍大一点的那块。

部和审判、执行岗位的法官实行任职回避。换句话说，《规定》范围内的领导干部或者法官应该主动进行任职回避：要么调离直系亲属从业的地区；要么直系亲属不能在他（她）的任职范围内从事相关活动。最高人民法院颁布该《规定》的目的是防止法院领导干部及法官因私人利益与公共利益发生冲突，以维护司法公正和司法廉洁，最终维护司法权威与司法公信力。

2011年2月11日晚，前铁道部部长、党组书记刘志军因涉嫌受贿和滥用职权被有关部门带走。原因是他在担任铁道部部长期间不回避，任人唯亲。他的弟弟刘志祥从一个普通的铁道工人做到了武汉铁路分局副局长、汉口火车站站长只花了短短几年时间，显然与刘志军担任铁道部部长有关系。这种不回避，提拔自己亲属的行为，带来的后果就是官官相护，监管制度、问责制度也就形同虚设。而权力一旦失控，带来的结果不堪设想，不仅仅公共财产、国家和人民利益遭受重大损失，而且严重抹黑党、国家、政府形象。不能保持中立的刘志军也为此付出了惨痛的代价：被法院以受贿罪判处死刑缓期二年执行，剥夺政治权利终身，并处没收个人财产；以滥用职权罪判处有期徒刑十年。刘志祥则仗着自己有靠山，为所欲为，不仅贪污、受贿，还故意伤害他人。2006年法院以贪污罪、受贿罪、巨额财产来源不明罪、故意伤害罪，数罪并罚，判处刘志祥死刑缓期二年执行，剥夺政治权利终身，追缴4000余万元的非法所得，没收个人财产100万元[1]。

（三）程序参与

程序参与是指案件或纠纷的利害关系人可以进入办案程序，根据

---

[1] 王鸿谅. 刘志军和刘志祥：两兄弟的仕途和命运 [J]. 三联生活周刊, 2011 (9).

程序的规定，向有关机关充分表达自己的利益诉求和意见主张，使相关机关或工作人员能全面了解事实真相，分清是非曲直，为公正、合理解决问题发挥积极的作用。程序参与要求社会公众对影响自己利益的公共事务，有知情权、表达权、监督权。然而公众享有知情权、表达权、监督权的前提是要参与案件程序的推进。只有利害关系人亲自参与程序中来，他才有机会了解程序的进展、问题解决的进度；有机会表达自己的诉求与愿望，还能对相关事务进行监督。因此充分参与是保证程序正当的前提与基础。

例如 2008 年 5 月，湖南省永州市祁阳县人民法院林业法庭原副庭长曾祥文在审理李某峰诉祁阳澳某实业有限责任公司（法定代表人董某成）民间借贷纠纷一案［（2008）祁民二初字第 56 号，实际债权人为郭某安，诉讼标的 700 万］中，在当事人、其他合议庭成员均未到庭的情况下，指使书记员陈某燕伪造开庭笔录；在未经合议庭评议情况下提出并报分管副院长罗祁生签发查封、冻结被告不动产的民事裁定书，造成受害人董某成经济损失 44 万元①。由于这个案件根本没有开庭审理，任何一方当事人均无法对对方提交的证据进行质证，无法发表自己的意见与看法；而其他合议庭成员"被开庭"，如果没有阅读案件材料，实际上对案件事实一无所知，更无法表达对案件的看法与意见。因此曾祥文的做法实际上剥夺了当事人的辩论权、程序的参与权、知情权、表达权；剥夺了其他合议庭成员的参与权、异议权、表达权、监督权。曾祥文将自己的意愿强加在当事人、其他合议庭成员身上的做法，违背了法官审理案件应当以事实为依据、法律为准绳

---

① （2016）湘 11 刑终 16 号 被告人曾祥文犯民事枉法裁判罪、受贿罪一案二审刑事判决书［EB/OL］. 中国裁判文书网，2016-04-05.

的基本原则，违背合议庭审理案件民主集中制原则，其做出的裁决必然是错误的裁决。此外曾祥文还曾经在未经合议庭评议的情况下，伪造关于查封被告不动产及案件判决的合议庭笔录；在仅有原告代理人何某（实习律师，不能单独出庭）在场，当事人、其他合议庭成员均未在场情况下进行了所谓开庭审理，并指使书记员桂某宇伪造开庭笔录；在未经调解程序及其他合议庭成员、当事人授权委托等情况下，指使他人伪造庭前调解笔录，在未经合议庭评议情况下伪造合议笔录。因此法院认定其行为触犯刑法中的民事枉法裁判罪，判处曾祥文有期徒刑三年。

此外，法律规定有些人身性质特别强的案件，当事人必须到场。例如男女双方办理结婚手续，不允许他人代理；婚姻登记员要现场询问双方当事人是否自愿结婚。因为如果他人代理，办理结婚手续，婚姻登记员无法准确判断结婚男女的真实意思，且一旦登记时一方不自愿，将可能导致婚姻可撤销。同理，夫妻双方协议离婚时，没有特殊情况也必须自己亲自到场。根据我国民事诉讼法第 62 条①的规定，离婚案件的当事人尽管聘请了诉讼代理人，如果没有特殊情况也必须出庭。之所以这样规定，首先是因为法律规定感情破裂是离婚的唯一理由。只有当事人到庭，法官才好判断夫妻感情是否确已破裂。其次法律规定，离婚案件没有特殊情况一般要先调解，后判决，调解就需要双方当事人在场，否则法官无法调解。法律规定的离婚案件当事人可以不到庭的特殊情况只有两个：一是当事人确有特殊原因不能到庭，

---

① 《中华人民共和国民事诉讼法》第 62 条规定，离婚诉讼代理离婚案件有诉讼代理人的，本人除不能表达意思的以外，仍应出庭；确因特殊情况无法出庭的，必须向人民法院提交书面意见。

但必须向法庭提交有关是否同意离婚的书面意见；二是当事人是无民事行为能力的人。前者虽然没有亲自到庭，但是通过亲笔书写的意见表达了自己对离婚的态度，可以视为到庭；后者则是因为完全没有认知能力，无法正确表达自己的真实意愿，因此离婚的时候到不到庭无所谓，关键是其法定代理人必须到庭，否则离婚无效。

例如郭某芝诉呼图壁县民政局对无民事行为能力人协议离婚核发离婚证案。1983 年郭某芝与张某登记结婚，婚后生有两个女孩。1985 年郭某芝开始精神失常，同年年底被诊断患有癔症，后来确诊是精神分裂症。1990 年 12 月 13 日，郭某芝与张某协议离婚，相关部门填发了离婚证。1991 年 3 月，郭某芝的哥哥郭某文以法定代理人的身份申请民政局撤销离婚登记，理由是郭某芝患有精神分裂症，是无民事行为能力的人。民政局以郭某芝属间歇性精神病，办理离婚登记时具有民事行为能力为由驳回郭某文的申请。郭某文不服，向法院起诉，请求法院裁定离婚登记无效。法院委托相关部门对郭某芝进行司法精神病鉴定后，确定其患有精神分裂症，属于无民事行为能力的人。据此，结合郭某芝办理离婚登记时法定代理人没有到场的事实，受案法院认定民政局填发离婚证的行为属于严重程序违法，最终裁决郭、张两人的离婚无效[①]。

（四）程序公开

程序公开是指程序运行的整个过程和最终结果应当向所有当事人和全社会公开，以便接受国家、社会、当事人的各方监督，防止一切办案不公和暗箱操作事件的发生。阳光是最好的防腐剂，程序公开的

---

① 有关郭树芝诉呼图壁县民政局对无民事行为能力人协议离婚核发离婚证案［EB/OL］. 法帮网，2014-11-20.

目的就是增强国家机关及其工作人员职务活动的透明度，方便社会公众监督，接受社会各界的监督。程序公开包含三方面的要求。

1. 规则的制定过程公开

以立法为例：首先立法之初，应该采取多种形式广泛征求意见，讨论立法的必要性、可行性；其次法律草案形成之后，还应该广泛征求各方意见，使法律内容能兼顾各方利益，反映各方的需求；再次法律制定后，应该予以公布，让公众知道法律的具体内容，知道哪些可以做，哪些不可以做，哪些可做可不做。该规则至少从字面上使公众能够认知法律条文规定的具体内容，理解、体会法律规则面前是否人人平等。

2. 规则的适用过程公开

公开法律适用的过程，更容易让公众知晓法律的具体规定和具体适用。以法院审理案件为例，我国通过法庭旁听、人民陪审员制度、法庭同步录音录像等方式公开法院审理案件的全过程。

（1）法庭旁听。法院审理案件要以事实为依据、法律为准绳。如何查清案件事实，成为法院审理案件的关键；法律还规定，为了方便法院查明事实，法院要开庭审理案件；除法律规定不公开审理的案件（涉及国家秘密、个人隐私、未成年人案件）外，法院审理案件一律公开审理。公开审理的案件，不仅仅当事人参加，感兴趣的群众可以旁听。按照我国法律规定，参加法庭旁听的人员只要出示有效身份证件，接受法警人身及随身携带物品的安全检查就可以进入法庭旁听；当旁听席位不能满足旁听群众需要时，法院应当优先安排当事人的近亲属或者其他与案件有利害关系的人旁听。剩下来的席位再根据旁听申请的时间先后顺序或者通过抽签、摇号等方式发放旁听证。这么做的目的是让每一个旁听群众能够得到公平的对待。法院旁听制度的设立，一方面公开审判程序，方便群众监督庭审；另一方面也是普法的最有效形式，教育普通群众如何讲事实、讲证据，也就是学习如何从法律要求的角度，用证据讲清楚案件事实。因此法庭旁听是普法宣传的重要手段之一。

（2）人民陪审员制度。与外国陪审团制度不同，我国人民陪审员制度是国家审判机关吸收人民群众参与司法审判，并由其行使一定司法职权的制度。人民陪审员由地方人大常委会根据法律规定的条件选拔、任命后参加法院具体案件的审理，目的在于扩大司法民主，方便人民群众监督司法，最终达到普法宣传的目的。具体而言，人民陪审员制度一方面使普通民众有机会参与司法审判，体现人民司法为人民、人民当家做主的原则；另一方面实现公民对审判活动、审判权的零距离监督。通过对司法审判过程公开，达到最终保证司法审判结果公平、公正的目的。事实证明实行人民陪审员制度比单纯的、枯燥的普法宣传的效果要更好。例如福建省漳州市各县区法院普遍成立涉台审判庭，聘请台商为人民陪审员，直接参与案件的审理活动，并通过他们宣传大陆法制。这样做有利于拉近两岸同胞的距离，说服当事人息诉服判，及时化解纠纷，提高司法工作效率①。

（3）人民法院庭审同步录音录像制度。2017年1月最高人民法院审判委员会颁布《最高人民法院关于人民法院庭审录音录像的若干规定》，要求全国各级人民法院开庭审判案件时，应当对庭审活动的全过程录音录像。这样一来，对于公开开庭审理的案件，任何人都可以从最高院网站上看到案件开庭审理的全过程；不公开审理的案件，虽

---

① 洪碧华. 试论人民陪审员制度的完善［J］. 法制与社会，2011（16）：123-124.

然审判过程不会在网上公开，但案件的当事人、辩护律师、诉讼代理人等可以依照该规定复制、录音或者翻录庭审录音录像。这样既能规范庭审活动，又能监督法官庭审，保障了诉讼参与人的诉讼权利，提高了法院庭审效率，有利于深化司法公开，促进司法公正。例如，2020 年 6 月 16 日，海口中院公开审理的王绍章等涉黑案进入举证质证环节，辩护律师李长青、张维玉质疑法庭质证方式要求按法律规定"一证一质"未获同意后，又申请审判长回避不成被委令退出法庭。中国庭审公开网的庭审视频显示，在李长青论述"一证一质"时审判长要求法警关掉李长青的话筒；其间，多名辩护律师表示"不同意法庭的质证方式"，审判长均表示"不同意的都出去"。事后，海口中院领导与律师进行了沟通，表达了对法官工作情绪急躁、尊重律师不够的歉意①。

3. 规则适用的结果公开

实际上就是指国家机关工作人员依法行政的职务行为、司法机关的裁决结果一律公开。例如法院审理案件，不管公开不公开法庭审判过程，判决结果一律公开。目前司法领域通过裁判文书上网的方式公开法院判决结果，任何人都可以通过中国裁判文书网查找相关的判决书；行政执法领域则主要通过政府信息公开的方式增加政府工作的透明度。

（1）法院裁判文书上网制度。2016 年最高人民法院审判委员会颁布了《最高人民法院关于人民法院在互联网公布裁判文书的规定》，

---

① 谢寅宗. 海口中院通报"法官庭审中责令将律师带离"：院领导已致歉［EB/OL］. 澎湃新闻，2020-06-19.

其中第三条①规定了应当在互联网公布的文书范围；第四条②规定不允许在互联网上公布的文书范围。任何人都可以从最高人民法院裁判文书网上查找相应的裁决文书。网络公开法院裁决文书的目的就是彻底落实审判公开原则，规范人民法院在互联网公布裁判文书工作，接受社会广大公众的监督，最终促进司法公正，提升司法公信力。例如，海口市秀英区人民法院作出的编号为"（2015）秀民二初字第620号"民事判决书中发现高达12处的错误。例如，"共管"写成"工管"和"公关"，"4500万元"写成"45000万元"，"土地"写成"提到"，等等③。具有国家强制力的判决书出现如此多的错误，反映出来的是主审法官的审判态度极其不端正，对待当事人的合法权益漫不经心，以及对国家法律的轻视与怠慢。尽管责任法官被通报批评，但是留给公众的不良影响却在短时间内难以消除。因此确立法院裁判文书上网制度可以倒逼法官不仅要严肃、认真地对待案件的审理，还要慎重对待每一份判决书的制作，有利于司法公信力的树立。

---

① 《最高人民法院关于人民法院在互联网公布裁判文书的规定》第三条规定，（一）刑事、民事、行政判决书；（二）刑事、民事、行政、执行裁定书；（三）支付令；（四）刑事、民事、行政、执行驳回申诉通知书；（五）国家赔偿决定书；（六）强制医疗决定书或者驳回强制医疗申请的决定书；（七）刑罚执行与变更决定书；（八）对妨害诉讼行为、执行行为作出的拘留、罚款决定书，提前解除拘留决定书，因对不服拘留、罚款等制裁决定申请复议而作出的复议决定书；（九）行政调解书、民事公益诉讼调解书；（十）其他有中止、终结诉讼程序作用或者对当事人实体权益有影响、对当事人程序权益有重大影响的裁判文书。

② 《最高人民法院关于人民法院在互联网公布裁判文书的规定》第四条规定：（一）涉及国家秘密的；（二）未成年人犯罪的；（三）以调解方式结案或者确认人民调解协议效力的，但为保护国家利益、社会公共利益、他人合法权益确有必要公开的除外；（四）离婚诉讼或者涉及未成年子女抚养、监护的；（五）人民法院认为不宜在互联网公布的其他情形。

③ 傅勇涛. 一份判决书有12处文字表述错误，海口一法官被通报批评 [EB/OL]. 澎湃新闻网，2016-04-14.

（2）政府信息公开制度。政府信息是国家行政机关在履行管理职责过程中，制作或者获取的信息。政府制作或者获取的某些关系国计民生的信息，不仅公众有权知晓，而且政府有义务保障公众知情权。因为公开这些信息，不仅有利于公众利用相关信息适时调整生产、生活方式，活跃社会经济；而且可以极大提高政府工作的透明度，方便群众监督政府，强化政府依法办事、为人民服务的意识，有利于法治政府的构建。2007 年 4 月 5 日中央人民政府公布了《中华人民共和国政府信息公开条例》，并于 2019 年 4 月 3 日进行了修订，进一步完善政府信息公开制度。

（五）程序时限

程序时限是指程序必须在合理的期限内运行，不得无故拖延或者没有终结。西方有一句法谚："迟来的正义是非正义。"这句话的实质是指正义的时效问题，也就是说符合时间成本和效率原则要求的程序规则才是合理、科学的程序，才能体现程序正义，迟来的正义没有实际意义。例如 1987 年 9 月，临高县曾某以其宅基地被同村的陈某占有为由，向法院起诉。但案件只开了一次庭，此后主审法官以"丢失卷宗"为由，拖了整整 19 年没有审结，直到事件被媒体曝光。临高县人民法院一方面对该案的原主审法官及相关领导追责；另一方面对该案重新立案，重新组成合议庭开庭审理。经过二审终审、执行等程序后，曾某终于在 2007 年 6 月拿回了自己的宅基地①。对于普通民众而言，自身合法权益受侵犯当然希望国家、政府、相关部门早一点给个说法，还以公平、正义。但是这个简单的案件能拖 19 年，背后的原因无外乎

---

① 卜云彤. 海南：一桩审理 19 年无结果的小案终于强制执行［EB/OL］. 新华网，2007-06-29.

"以权谋私""权钱交易""不给好处不办事"等。因此程序时限的背后，折射出来的是要求国家机关、政府部门及时处理问题，尽早给当事人一个说法，任何理由的拖拉、推诿都是失职、渎职的表现。

再如，2001年新晃县下岗职工杜某采取不正当手段，违规承包了湖南省怀化市新晃县第一中学操场土建工程。在施工过程中，因监工过严，无法偷工减料，牟取暴利，杜某对代表校方监督工程质量和安全的邓某心怀怨恨，极其不满，因此伺机报复。2003年1月22日，杜某伙同他人将邓某杀害，并将尸体掩埋在新晃一中操场土坑内。案发后，时任新晃一中校长的黄某为掩盖杜某的杀人犯罪事实，多方请托、拉拢腐蚀相关公职人员；时任新晃县公安局党委副书记、政委杨某等人接受请托，干扰、误导、阻挠案件调查，导致该案长期未能侦破。直至2019年4月中旬，新晃县公安局在全县扫黑除恶专项斗争中向社会广泛征集线索，才查获杜某涉恶犯罪团伙。同年5月，怀化市公安局在核查中央交办的有关邓某被杀一案线索时，发现杜某与该案关联极大。经深入侦查，案件终于水落石出。公安机关根据犯罪嫌疑人的供述和现场指认，终于在新晃一中操场挖出一具人体遗骸，经DNA鉴定确认为被害人邓某的遗骸①。一起掩盖了16年的罪恶终于彻底被曝光。

不管是"曾某宅基地侵权案"还是"邓某被杀案"，两个案件因为各种原因拖了十几年。案件久拖不决，带来的直接后果必然是动摇人们对现行法律的信仰，对国家、政府的失望。因此，作为一个负责任的国家、负责任的政府，社会公平正义不但要被实现，还要在合理

---

① 李本扬，程琴. 湖南新晃"操场埋尸案"彻底查清19名涉案公职人员被依纪依法严肃处理［EB/OL］. 新京报网，2019-11-26.

的时间内，以普通民众看得见的方式实现。

为了进一步规范案件审理期限，2018 年 4 月 23 日最高人民法院审判委员会通过《最高人民法院关于修改〈最高人民法院关于严格规范民商事案件延长审限和延期开庭问题的规定〉的决定》，明确要求人民法院审理民商事案件应当严格遵守法律及司法解释有关审限的规定①。

再如，根据我国刑事诉讼法的规定，从立案到审判，再到申诉，取保候审期限最长十二个月；监视居住最长六个月；批准逮捕最长七日内做出决定；刑事拘留最长三十七天：逮捕最长一般不超过七个月；审查起诉期限最长一个半月；补充侦查最长期限是两个月；不服判决的上诉和抗诉的期限为十日，不服裁定的上诉和抗诉的期限为五日；二审最长期限一般不超过四个月；接到死刑执行命令后七日内执行：申诉期限最长不受限制；申诉立案审查期限最长六个月；案件重审期限最长六个月。

其中申诉之所以不受时间限制是因为申诉权是宪法赋予公民的基本权利。根据宪法第四十一条②的规定，公民只要认为任何国家机关及其工作人员存在违法失职行为，就可以提出控诉，不受时间限制。

行政法与行政诉讼法也有类似的有关期限的规定。《中华人民共

---

① 《最高人民法院关于修改〈最高人民法院关于严格规范民商事案件延长审限和延期开庭问题的规定〉的决定》规定，适用普通程序审理的第一审案件，审限为六个月；适用简易程序审理的第一审案件，审限为三个月。审理对判决的上诉案件，审限为三个月；审理对裁定的上诉案件，审限为三十日。法律规定有特殊情况需要延长审限的，独任审判员或合议庭应当在期限届满十五日前向本院院长提出申请，并说明详细情况和理由。院长应当在期限届满五日前作出决定。经本院院长批准延长审限后尚不能结案，需要再次延长的，应当在期限届满十五日前报请上级人民法院批准。上级人民法院应当在审限届满五日前作出决定。

② 《宪法》第四十一条规定，中华人民共和国公民"对于任何国家机关和国家工作人员的违法失职行为，有向有关国家机关提出申诉、控告或者检举的权利"，"对于公民的申诉、控告或者检举，有关国家机关必须查清事实，负责处理"。

和国行政复议法》规定，行政机关接到复议申请后，一般要在 60 天内做出行政复议决定；如果需要延长，经复议机关负责人批准可以适当延长，但延长期限不能超过 60 天，特殊规定除外。根据《中华人民共和国行政诉讼法》的规定，人民法院受理一审行政诉讼案件，应当在法律规定的 6 个月内审结，如果需要延长审限则要由上一级人民法院批准。由于行政诉讼一审必须由中级人民法院或者更高一级人民法院审理，因此批准审限延期的人民法院至少是省一级人民法院。这样一来，审理行政案件的法官对于审限的把控以及延长审限的理由肯定格外慎重，如无必要，办案法官都将尽其所能，在法律规定的审限范围内审结案件。

因此法律规定审限的目的在于推动矛盾纠纷的及时处理，彻底解决案件久拖不决的问题，早日实现公平、正义。

（六）程序优先

程序优先是指程序的解决必须先于实体问题的解决。程序正义追求的是过程正义；实体正义追求的则是结果正义。如果为了追求结果正义忽略过程正义，实际上是一种为达目的不择手段的做法。国家社会文明程度越高，这种做法越会遭到鄙视与指责。此外，程序相对于实体而言，更具有透明度。公众可以通过程序的各个环节，判断程序是否公平、公正。例如是否做了自己案件的法官、双方当事人的诉权是否得到了公平对待与保证、国家工作人员是否保持了中立及是否公平地对待当事人等。但是对于实体问题，由于公众对问题的了解深度、分析问题的角度以及问题涉及范围的广度不同，得出来的结论不同。因此从国家角度而言，程序公正更容易保证；从普通公众的角度来看，更容易从程序的角度判断问题处理得是否公平、正义，因此程序应该比实体优先。程序优先思维是我国实现依法治国的思想前提与基础。程序优先包含两个方面内容：一是程序问题与实体问题并存的情况下，程序问题适当优先考虑；二是实体目标与程序原则相抵触时，应坚持程序优先。

1. 程序问题与实体问题并存时，程序问题应当优先考虑

1994 年 1 月 2 日，张某失踪，其近亲属怀疑她被丈夫佘某杀害。不久警方就在距佘某家不远的河边发现一具无名女尸。尽管尸体高度腐烂，按常理无法辨认身份，但警方根据尸体身上穿的毛线衣、腹部剖宫产疤痕，认定死者就是张某，并认定佘某有重大作案嫌疑。警方的理由是：一是有作案时间；二是有作案动机，佘某曾有外遇，与张某感情不好，尤其是张某出现精神障碍后，佘某就有摆脱张某的念头；三是张某失踪后，佘某行为反常，例如找人的态度不积极、口述寻找经过前后不一致、经常在外酗酒、深夜和衣睡觉等。1998 年 9 月 22 日法院以故意杀人罪，判处佘某有期徒刑 15 年。佘某不服法院判决，提起上诉。荆门市中级人民法院（原荆州地区人民法院）二审维持原判，驳回佘某的上诉。直到 2005 年 3 月 28 日，被警方认定已经死亡的张某突然回到京山，人们才发现佘某无罪，此时佘某已经入狱服刑将近 11 年①。

"佘某杀妻案"中，尽管受当时的侦查技术条件所限，不能做DNA 检验，但侦查机关连简单的血型检验、指纹比对检验都没有做，仅仅根据张某的母亲、兄嫂、姐妹、曾经一起工作的同事的辨认意见，结合尸检结果，凭经验认定死者是张某，显然侦查机关的做法违背程序优先原则。加上侦查机关凭借办案经验，先入为主，认定佘某故意杀

---

① 佘祥林案［EB/OL］. 搜狗网，2019-09-11.

人，收集的都是对佘某不利的证据，因此导致冤假错案发生。假如侦查机关按照程序法规定，对死者做血型检验、指纹比对、死亡原因鉴定，确定死者身份、死亡原因的话，佘某不至于无辜坐牢 11 年。因此程序问题与实体问题并存时，为了避免错案发生，应该优先解决程序问题。

2. 程序问题与实体问题发生冲突时，程序问题应该优先解决

2009 年 5 月，因邻里纠纷王、李两家发生争吵打架。李某闻讯，从外地赶回家强奸并杀害了 18 岁的王某飞，摔死了 3 岁的王某红后逃跑。4 天后，走投无路的李某投案自首。① 2010 年 7 月，云南省昭通市中级人民法院一审以故意杀人罪，判处李某死刑，剥夺政治权利终身；以强奸罪，判处李某有期徒刑五年。最终法院决定对李某执行死刑，剥夺政治权利终身，并处赔偿受害人家属经济损失 3 万元。李某不服一审判决，在上诉期内向云南省高院提起上诉。

2011 年 3 月，云南省高级人民法院二审审理改判李某死刑，缓期二年执行。但是这个结果被害人家属不能接受，他们提出了申诉，认为就是两命抵一命，也应该判处李某死刑立即执行。云南省人民检察

---

① 李昌奎案 [EB/OL]. 搜狗网，2020-06-05. 2009 年 5 月 14 日，云南省巧家县茂租乡鹦哥村村民李昌国（李昌奎兄长）与陈礼金（王家飞母亲）因收取水管费的琐事发生争吵打架，陈礼金称李昌奎家人曾于 2007 年托人到陈家说媒，但遭到陈家拒绝，为此两家积有矛盾。因感情纠纷一直想报复王家飞的李昌奎在得知家人与王家发生争执后，远在四川西昌打工的他在得知情况后随即赶回巧家县茂租乡鹦哥村，5 月 16 日下午 1 点在王廷金（王家飞父亲）门口遇到王家飞（18 岁）及其弟王家红（3 岁），李昌奎以两家的纠纷同王家飞发生争吵抓打，抓打过程中李昌奎将王家飞裤裆撕烂，并在王家厨房门口将王揢晕后实施强奸。王家飞在遭到李昌奎的强暴后被其使用锄头敲打致死，并随后被拖至内屋，年仅 3 岁的王家红则被李昌奎倒提摔死在铁门门口。李昌奎随后用绳子将姐弟二人脖子勒紧，之后逃离现场。经鉴定王家飞、王家红均系颅内损伤伴机械性窒息死亡。案发后，云南省巧家县公安局迅速向全国发出通缉，并会同四川省宁南、普格、布拖、金阳等周边县一起设岗堵卡，捉拿凶犯。4 天后的 2009 年 5 月 20 日，李昌奎逃至四川省普格县时向城南派出所投案自首，同年 6 月 3 日被批准逮捕关押在巧家县看守所。

院也认为该案量刑偏轻，向云南省高级人民法院提出检察建议，应当予以再审。2011 年 7 月，云南省高级人民法院根据我国程序法的规定，以量刑偏低为由，启动再审程序，对李某故意杀人、强奸案重新审理。云南省高级人民法院再审撤销了原来二审死刑缓期执行的判决，改判李某死刑，剥夺政治权利终身。2011 年 9 月经最高人民法院核准，李某最终被依法执行死刑。

李某故意杀人、强奸案中，程序问题与实体问题发生了冲突。二审改判李某死刑缓期执行是按照我国刑事诉讼法的规定，云南省高级人民法院审判委员会集体讨论的结果，因此二审改判并无不当（案件程序问题）。但是该案被告人李某的犯罪手段极其残忍，社会影响极其恶劣，公众普遍认为李某罪大恶极，应该判处死刑立即执行（案件实体问题）。换句话说，李某故意杀人、强奸案中程序没有问题，但是实体出现了问题，也就是程序问题与实体问题发生了矛盾、冲突。云南省高级人民法院最终还是按照程序法的规定，通过先启动再审程序对案件重新审理的方式解决实体问题。

第八章

国际法治与国际法治思维

　　2001 年 10 月，中国银行通过网络监控发现广东省开平市分行的账目存在巨额资金缺口，报案后进一步发现该行前后三任行长许超凡、余振东、许国俊潜逃到加拿大、美国等北美洲国家。经查，1992年开始，三人就合谋先将高达几个亿的巨额资金非法转移到香港，然后再通过购买房地产、股票、炒汇、赌场赌钱等方式洗钱，再把洗白的赃款转移到海外。2001 年 11 月，三人先后被美国警方逮捕。其中余振东因非法入境、非法移民及洗钱三项罪名被美国拉斯维加斯联邦法院判处 12 年监禁。为了将余振东引渡回中国，接受中国法院的审判，中美两国政府达成引渡协议，美方同意将余振东驱逐出境，交给中国审判。2005 年 8 月 16 日，余振东因贪污、挪用公款罪被江门市中院判处有期徒刑 12 年①。

　　"余振东引渡案"是中华人民共和国成立以来第一个根据国际法规则，将潜逃国外的嫌疑人引渡回中国，接受中国法院审判的案件。此后，中国陆续发起了"天网行动""猎狐行动"，利用国际法规则打击跨国犯罪，取得了非常好的国内、国际效果。

---

① 张春波. 巨贪潜逃："余振东案"案情回顾 [J]. 中国审判，2015（14）：28-29.

在全球化迅猛发展的今天，在完善国家治理体系和推进国家治理能力现代化的过程中，我国不仅要依法处理好国内问题，还要依法处理好国际问题；不仅要积极参与国际法律规则的制定，还要努力推动全球治理体系朝着更加公平、合理的方向发展、完善。我国只有沿着国际法治发展的道路前行，才能推动全球治理体系变革，才能继续保持政治大国与经济大国的国际地位，才有能力承担大国责任，最终实现中华民族伟大复兴。正如党的十八届四中全会通过的《中共中央关于全面推进依法治国若干重大问题的决定》中明确指出，中国不仅要积极参加国际规则的制定与完善，还要提高依法处理对外经济、社会事务的能力，提升中国在国际事务中的话语权，加强中国对国际社会的影响力；养成运用法律手段，维护我国国家主权、政治安全和社会、经济利益的习惯。党的十九届四中全会更进一步提出，中国不仅要积极投身于全球治理体系改革与建设中去，还要尽其所能努力推动更加公正、公平、合理的国际治理体系的构建。因此，法治思维不仅包括国内法治思维，还应该包括国际法治思维。

一、国际法

国际法是在人类历史演进中逐渐形成的，主要用来调整国家之间、国家与国际组织之间、国际组织之间政治、经济、军事等领域关系的原则、规则、制度的总称。

（一）国际法是历史发展的必然产物

首先是出现国家，而且必须是多个国家同时存在。国家的出现与交往是国际法产生的物质基础与前提条件。单一的国家不需要国际法调整，只有多个国家同时存在，而且彼此之间进行交往，产生了国际关系，才需要国际法来调整彼此之间的关系。

其次是国家之间存在交往。有交往才会产生国际关系，有国际关系才需要法律予以调整。国家之间的交往正如部落之间互通有无一样，古代、近代特别是在当代已经变成发展国家经济、解决国家问题不可或缺的方式与手段。尤其是当代人类面临的全球问题越来越多，诸如气候变化、水土流失等严重威胁人类生存、繁衍的问题，只有依靠全球各国齐心协力、共同合作才能解决这些问题，国家之间的交往更是必不可少。

（二）国际法与国内法的关系

1. 国际法与国内法的区别

国际法与国内法一样尽管都是法律，具有法律的基本属性，但是两者存在很大的不同。

首先是调整对象不同。国内法的主体是自然人、法人、非法人组织，调整的关系可以简单分为民事法律关系、刑事法律关系、行政法律关系以及与实体法律关系相对应的民事诉讼法律关系、刑事诉讼法律关系和行政诉讼法律关系。而国际法的主体主要是国家、政府间国际组织、争取独立的民族以及特殊领域中的个人；调整的关系通常涉及国家的领土、海洋、空间、外交领事等领域。国际法是为了调整国家之间的关系产生的，因此国家是国际法的基本主体。19世纪中期，由于科技的发展出现了国际组织，例如国际电信联盟、万国邮政联盟等，一方面扩大了国际法的调整范围，另一方面国际组织在国际社会中的地位与日俱增，慢慢成为国际法的主体之一，尤其是20世纪20年代国际联盟的成立以及1945年联合国的成立，标志着政府间国际组织成为国际法的主体。它可以以自己的名义参与国际法律关系，以自己的名义承担由此而产生的后果。尽管与国家相比，政府间国际组织的国际法主体资格具有派生性与有限性①的特征，但不可否认的是，政府间国际组织逐渐成为国际法的主体。正在向国家过渡的争取独立的民族是未来民族国家，因此国际法赋予其过渡期内一定的国际法主体资格是尊重其民族自决权的需要。国际人权法调整的主体是个人，因此在国际人权法领域，个人是国际法的主体。

其次是国际法与国内法的立法方式不同。国内法通常由国家立法机关通过法定程序制定，完全反映立法者的目的与要求。然而，国际社会中不存在超越国家主权的立法机关，因此不可能只反映某一个或某几个国家的意志，只能是众多国家意志的妥协。例如最早的国际法以国际习惯的形式出现。国际习惯是在国际交往中长期被反复适用，且被绝大多数国家接受的习惯做法。例如"诚信原则""禁止反言"及国家与国家之间互访礼仪等。随着历史的发展，这些国际习惯逐渐被各国普遍接受，成为对大多数国家有或强或弱约束力的行为规则。再看国际条约，当成文的国际条约逐渐取代不成文的国际习惯，成为国际法的主要法律表现形式时，国际条约就是各国妥协、让步的产物。因为国际条约的缔结是建立在参加国法律地位平等的基础之上，基于共同的利益而形成的共识。但是国家之间的差异永远存在，这也就决定了国际条约的内容不可能完全满足所有国家的愿望与要求，条约成员国只有相互妥协与让步才可能缔结国际条约。因此不管是国际习惯还是国际条约，总之国际法的修改、制定都不是一件容易的事，一个国家无法决定国际法的具体内容，需要国际社会成员共同的努力。但是从某个

① 国际组织的国际法主体资格源于成员国的授权，因此主体资格具有派生性；在成员国授权的范围内享有活动，因此权利具有有限性。

角度来看，国际法相对国内法更加稳定，具体规定不容易发生变更。

再次是国际法的内容相对于国内法的立法内容更模糊、更抽象。这主要是为了兼顾各个国家不同要求所致。只要存在国家就一定存在国家利益差异，如果国际条约的内容过于详细具体，很容易导致某些国家因为对其中的某些条款不满意，进而拒绝接受整个条约。因此为了让更多的国家接受国际条约，国际条约的内容不能过于详细、具体，相反原则性、框架性的规定总是占据主要多数，这样才会让更多的国家接受国际条约。但原则性、框架性的规定过多，带来的另一个副作用是国际法的可操作性不强，进而导致国际条约在司法实践中难以付诸行动，往往需要国内法的具体规定加以补充。

最后是国际法强制力的依据与国内法不同。国内法的强制力来自国家暴力工具，例如警察、监狱、军队等。国际法的强制力则来自国家本身单独或者集体的力量，例如20世纪70年代中国进行"对越自卫反击战"，这是国家依靠自身的力量进行的自卫，符合国际法，不需要承担国际法律责任；1990年伊拉克吞并科威特，发动"海湾战争"，科威特打不过伊拉克，只好向联合国安理会求助，安理会通过决议，组建26国多国部队将伊拉克赶出科威特，维护科威特领土主权。这就是弱小国家依靠集体力量进行的自卫。集体自卫权①是第二次世界大战后国际法的创新，目的是帮助那些无法或者没有能力行使单独自卫权的小国、弱国进行武力自卫，以维护其国家领土完整、国家主权独立，最终维护国际和平与安全。

2. 国际法与国内法的联系

国际法与国内法尽管存在很多不同的地方，但是也存在某些联

---

① 《联合国宪章》第51条规定，主权国家拥有"单独或集体自卫的固有权利"。

系。例如，两者都与国家主权密不可分；两者都是国家意志的集中体现。因此国际法与国内法不能完全割裂，他们之间是一种紧密联系、互相渗透、互相补充的关系。

（1）国际法与国内法相互吸收。国内法的发展历史比国际法早，无论是理论体系还是规则体系都比国际法更完善，所以很多国际法学者通过借鉴国内法的研究成果来完善国际法。

首先，国际法的法律责任承担的方式借鉴、吸收了国内法中的民事法律责任与刑事法律责任理论。国际法的法律责任主要有赔偿、补偿、停止侵犯、恢复原状、保证不重犯、消除影响、赔礼道歉、限制主权等。这样的责任承担方式显然综合了国内法中的民事法律责任和刑事法律责任相关规定。例如赔偿、补偿、停止侵犯、恢复原状、保证不重犯等责任承担方式就是来源于国内法中民事法律责任的承担方式；限制主权则是源于刑事法律责任中的自由罚。只不过对于自然人而言，是人身自由受限制；对于国家而言是则是国家主权受限制。

其次，国际法中的争端解决方式借鉴了国内法的争端解决方式。国际法的争端解决方式有政治方法解决，例如斡旋①与调停②、谈判与

---

① 斡旋是第三者为帮助发生争端的当事国和解，促使他们直接谈判而进行的活动。与调停不同，斡旋者不直接参加谈判，但可提出建议供参考。斡旋者可以是某个国家，也可以是联合国等国际组织。

② 调停是一种和平解决国际争端的方法，即作为第三方的调停者为了争端当事国而直接参与当事国之间的谈判，向当事国提出实质性的建议作为谈判的条件，尽力调和，折中争端各方对立的主张和要求，缓和或平息他们之间的敌对情绪，使争端双方达成协议。

协商①、调查②与和解③。显然和解这种方式是在借鉴国内纠纷解决机制中的调解制度④的基础上，结合国际争端的特点构建的。国际争端法律解决方法中有仲裁和诉讼两种，其中国际仲裁规则来源于国际商事仲裁的规定；而国际商事仲裁又是在借鉴国内商事仲裁制度的基础之上形成的，因此归根结底，国际仲裁源于国内商事仲裁制度。国际诉讼制度中的程序规则，有的是源于大陆法系，有的来自英美法系有关规定，是两大法系程序性规定的融合。

历史发展证明，国际法学能在短短的四百年间（学术界普遍认为 1625 年"国际法之父"格劳秀斯发表的《战争与和平法》，标志着国际法作为独立的法律部门正式诞生）发展成今天这样一个独立的、完善的学科体系，离不开对国内法研究成果的吸收与借鉴。

（2）国际法与国内法相互配合。由于国际法的规定非常原则、抽象，这就极易导致国际法在司法实践中难以具体操作。各国为了解决国际法的实施，有的国家采用类推适用国内法的做法，以弥补国际法的不足，例如国际法院、国际刑事法院的审判规则，几乎都是来自大陆法系与英美法系中大家普遍接受的做法。还有的国家直接通过国内立法机关制定国内法来取而代之。例如 1979 年中国加入了《维也纳外

---

① 谈判是争端当事国就其争端直接进行交涉，交换意见以求解决的方式。协商曾被作为谈判的一个部分和步骤，但当代也常常被作为一个独立的方法使用，谈判一般仅限于当事国之间协商，有时也可以邀请中立国参加。

② 调查是指通过将有关争端的事实问题提交以个人资格的委员组成的国际调查委员会解决争端的制度。它主要作用是查清事实真相，不判断当事国之间的是非曲直。

③ 和解又称调解，是指把争端提交一个非政治性、中立的国际和解委员会，由委员会从各个角度去查明事实，在事实基础上提出报告和建议，促使当事国达成协议，以解决争端。

④ 调解是指在第三方的主持下，根据双方当事人自愿合法的原则，促使当事人双方达成协议协商解决的制度。分为法院调解与人民调解。

交关系公约》后，1986 年我国通过了《中华人民共和国外交特权与豁免条例》，1990 年通过了《中华人民共和国领事特权与豁免条例》。通过制定比国际条约更具体、更详细的国内法的规定，来履行、落实国际条约义务。

因此国际法通过与国内法相互配合，利用国内法的具体规定弥补国际法抽象、空洞的规定，从而解决了国际法司法实践中难以适用的难题。

（3）国际法与国内法相互制约。国际法是众多国家意志的妥协，国内法是某一个国家意志的集中体现，因此很可能出现某一个国家制定的国内法与国际法相抵触的现象。解决国际法与国内法之间的法律抵触无非两种办法：一是修改国内法；二是修改国际法。一般情况下，修改国内法比较简单，只需要主权国家单独的意愿即可决定。但是如果国际法的规定与国内法的规定是根本性的抵触，则很可能会导致这个国家不愿意接受这类的国际法规则。现实生活中，如果该类国际法没有或者只有极少国家愿意接受，那么这类国际法也就失去了存在的基础，因此国际法的制定必须建立在兼顾绝大多数国家根本利益的基础之上。反过来，如果国家希望加入全球化，那么其国内法的规定要尽量与国际社会的立法趋势一致。

例如，我国是世界上少数保留死刑的国家之一。1988 年 11 月，中国加入联合国《反酷刑公约》后，为了履行公约义务，本着"保留死刑、坚决少杀、防止错杀"的原则，我国先后于 2013 年颁布《中华人民共和国刑法修正案（八）》、2015 年颁布《中华人民共和国刑法修正案（九）》对原有的死刑制度进行改革。我国《刑法》第四十八条第1款①明确规定只有罪大恶极的犯罪分子才适用死刑，而且能不立即执行就不立即执行。此外刑法还规定：经济犯罪中不适用死刑，犯罪的时候不满18周岁和审判时候怀孕的妇女、哺乳期妇女不适用死刑，75周岁以上的老人原则上也不适用死刑。

中国刑法中的死刑制度之所以如此规定，既有内部原因，也有外部原因。内部原因在于中国自古以来信奉"杀人偿命、天经地义"，因此我国短期内不能完全废除死刑；外部原因在于，一是中国加入了联合国《反酷刑公约》，死刑是酷刑的一种，为了履行公约义务，我们必须改革死刑制度；二是国际社会普遍认为，死刑不能解决社会犯罪问题，因此绝大多数国家都废除了死刑。国际社会的态度对中国而言是一种压力，尤其是在打击跨国犯罪领域，死刑成为我国与其他国家司法协助的最大障碍。例如1999年厦门远华走私案主犯赖昌星，滞留加拿大12年之久。之所以迟迟不能引渡回国接受法律制裁，原因在于我国当时在经济犯罪中规定了死刑，与加拿大的基本法相抵触，导致中国与加拿大政府无法签订引渡条约。直至2012年，中国取消了经济领域犯罪的死刑规定，两国才签订了引渡条约，赖昌星才被引渡回国接受法律的审判。因此在国内压力与国际压力的双重要求之下，中国最终采用改革死刑的方法：一方面保留死刑制度；另一方面逐步缩小死刑的适用范围。

中国死刑制度的改革深刻地反映了国际法与国内法相互制约的关系。随着全球化的深入发展，人类命运共同体的构建，国际法与国内

---

① 《刑法》第四十八条第1款规定："死刑只适用于罪行极其严重的犯罪分子。对于应当判处死刑的犯罪分子，如果不是必须立即执行的，可以判处死刑同时宣告缓期二年执行。"

法之间的融合与借鉴将会更加紧密与深入。

二、国际法治

(一) 国际法治的内涵

国际法治是指国际法主体，包括国家、国际组织、非政府间组织、个人等国际关系的参与者，通过具有约束力的国际法规则解决彼此之间的各种矛盾与纠纷。当前，人类社会面临的全球问题日益严重，迫切要求国际社会提高全球治理能力，改善全球治理体制。国际法治是尽早解决全球气候变暖、环境恶化等全球性问题的有效手段之一。但在现实世界中，构建国际法治单靠个别或者少数国家根本不可能做到，必须国际合作。例如早在 2005 年联合国世界峰会上各成员国均认为，国际社会需要在国内和国际层面遵循法治原则，并且承诺推动建立以国际法和国际法治为基础的国际秩序①。在 2012 年 9 月第 67 届联大高级别会议上，针对"国内和国际法治问题"，联大主席耶雷米奇和时任联合国秘书长潘基文不约而同地号召并呼吁各国应当尊重国际法，尽力维护以法治为基础的国际秩序。中国积极响应联合国与国际社会的号召，2015 年 10 月，在主持中央政治局第二十七次集体学习时，习近平主席进一步指出：随着全球性挑战增多，推进全球治理体制变革已是大势所趋②。此后，中国也用自己的实际行动努力推动国际法治的构建。

---

① Simon Chesterman. An International Rule of Law? [J]. American Journal of Comparative Law, 2008 (56), 331.
② 习近平. 推动全球治理体制更加公正更加合理 [EB/OL]. 新华网, 2015-10-01.

（二）国际法治的要求

关于国际法治的定义尽管存在不少争议，但基本上都同意国际法治指的是国际社会中的"法律至上"，最终目的是实现国际关系的法治化。国际法治不仅要求国际社会在法治的原则下运行，而且要求国际社会的格局以法治的方式形成，即以法律规范为基础构建国际秩序，以法律规范为依据调整国际秩序，以法律规范为指针恢复国际秩序①。

国际法治与国内法治，尽管都属于法治的范畴，但两者不完全相同。国内法治通常是指依法治国，也就是指国家颁布的法律用来治国理政，而这种国内法体现的是某个具体国家的意志，因此对法律公平、正义本身不存在任何质疑。即使法律自身可能存在不公平、不正义、不合理的地方，也可以通过国内法律程序修订、修改。但是国际法不同，它的形成、制定反映的是世界绝大多数国家意志的妥协与让步。例如国际惯例是各国在国际交往中反复适用逐渐形成的，这个过程足以证明该国际惯例对参与国际关系的各国来说是公平、正义的，否则不可能反复适用；正因为在反复适用的过程中，经受实践检验，去伪存真，精雕细琢，最终形成的精华才逐渐被各国普遍接受。因此尽管国际惯例是不成文法，但是仍然有国家认为国际惯例的法律效力高于一般的法律。例如 1949 年联邦德国宪法明文规定，国际习惯是其法律的组成部分，位于各项法律之上。

国际条约的签订也不例外。国际条约在缔结的过程中，各国不可避免会从国际政治、国家利益的角度衡量利弊，进而选择接受与否，

---

① 何志鹏. 国际法治：一个概念的界定 [J]. 政法论坛, 2009 (4)：63-81.

因此国际条约自身可能就存在公平正义与否的问题。不公平、不正义的国际条约不能成为国际法治的依据。因此不少国际法学者强调，作为全球治理依据的国际法内容本身就必须体现公平、公正要求。因此国际法治应该具备以下要求：

1. 主体地位平等是构建国际法治的前提与基础

在这一原则指导之下，任何国际法主体都必须服从国际社会共同制定的法律、长期以来形成的国际惯例以及特殊情况下的一般法律原则①。这种法律还要求制定各种配套措施，保证坚持法律优先、法律面前平等、对法律负责、公平适用法律、分权、决策参与、法律确定、避免专断和程序与法律透明等原则②。

2. 良法是实现国际法治的物质条件

法律是治国之重器，良法是善治之前提，全面推进国际法治、实现国际社会治理法治化首先要有"良法"。国际法律规范作为维护国际秩序的重要手段之一，首先，应该建立在国家主权平等的基础之上，遵守国际法和公认的国际关系基本原则，坚决反对强权主义与霸权政策；其次，国际法的规定要体现公平、正义要求，也就是要体现绝大多数国家的共同意志；最后，国际法的内容不能过于概括、模糊，且没有实质内容。尽管国际法因为某些因素，其内容不得不原则、框架、空洞，但国际法毕竟是为了解决实际问题才产生的，因此制定国际法要与时俱进，要能解决实际问题，最起码能缓解国际紧张局势，起到维护国际和平与安全的作用。

---

① 大陆法系、英美法系等世界各法律体系中共有的原则。

② UN. Report of the Secretary：General on the Rule of Law and Transitional Justice in Conflict and Post-Conflict Societies ［S］. 23 August 2004（616）.

3. 善治是推进国际法治的唯一途径

立法者的立法意图在司法实践中不可能完全呈现，因此有"应然法"与"实然法"两种法律效果。前者是立法者理想中的法律；后者则是在司法实践中产生的实际后果。"理想很丰满，现实很骨感，"理想与现实之间永远存在差距，而且这种差距只能尽量缩短，无法彻底消除。因此光有良法还不够，还需要善治，尽量发挥良法的作用。国际法层面上的善治离不开联合国，离不开大国之间的精诚合作。

4. 国际强制力是实现国际法治的重要保障

与国内法的强制力不同，国际法的强制力来源于国家单独或者集体的力量。以国家单独的力量为强制力主要是在国家主权、内政遭受外来侵犯与干涉时，凭借国家单独力量予以还击，这种强制力方式建立在相关国家实力较为强大的基础之上。集体的力量则是建立在相关国家实力弱小，无力阻挡外来侵略与干涉时的做法。通过集体力量来保证国际法的实施，这是国际法治未来发展的趋势。只有强化国际强制力，才能严厉制裁违反国际法、践踏国际法的行为，才能实现国际法治，维护国际法治秩序。

三、国际法治思维

法治是全人类共同的语言和信仰，国际关系法治化是全球各国追求的共同目标。作为一个负责任的大国，中国采取各种措施与行动，一方面全面推进国内法治建设；另一方面努力推动国际法治的发展。自1978年中国实施改革开放以来，40多年的中国发展成果进一步证明，以促进贸易和投资自由化为宗旨、建立在法律规则基础之上、具有稳定性和可预见性的国际法治是中国在推进形成全面开放新格局进程中的必然选择①。

（一）国际法治思维的内涵

因为各国的文化、思想、历史发展、价值观不同，各国的国际法治思维的具体要求不同。中国的国际法治思维的独特之处在于将运用法治思维的基本要求和规则贯穿于国家内政与对外交往中。前者如立法（包括国内立法或者签订、认可国际条约、国际惯例）、执法、司法、公民守法等环节；后者例如制定外交政策，进行对外往来等，以维护国际秩序的稳定、维护国家主权、保障国家利益。因此国际法治思维要求我们做到以下方面：

第一，我国在制定国内法的时候，尽量避免与现有的成文的国际法规则相冲突。例如在推进国家治理体系和治理能力现代化的过程中，党和国家的决策、措施和各种行为体（国家机构、各级政府、企事业法人甚至自然人）的行为，不仅须以国内法为准绳，还须吸纳国际法准则，按照国际法治的标准或要求维护国家和人民的利益、推进国家民主和法治建设、促进经济和社会发展和实现社会公平正义②。也就是说国内立法必须考虑与现有的国际强行法不相冲突；为了更好地履行国际义务，应该将国际条约的相关规定并入或转化到国内立法中；加入国际条约的时候，要考虑条约的有关规定与国家利益、人民利益、国家基本法是否相冲突，如果相冲突则应予以保留，不接受相关规定。

第二，对外交往中，我国不仅要严格恪守国际法规则，而且要敢

---

① 刘敬东. 全面开放新格局的国际法治内涵与路径 [J]. 经贸法律评论, 2019（1）: 68-85，132.

② 曾令良. 国际法治与中国法治建设 [J]. 中国社会科学, 2015（10）: 135-146.

于与违反、践踏国际法原则、规则的国家、国际组织或个人做斗争，以维护国家主权、国家利益，维护国际法的尊严与权威。例如 2020 年 5 月 21 日，针对美国向中国台湾地区出售武器一事，国务院台湾事务办公室（简称国台办）发言人马晓光明确表示坚决反对①。美国与中国台湾地区的任何形式的军事联系、官方往来，都是干涉中国内政、侵犯中国主权的行为，中国政府可以依据国际法原则、规则对此予以反击。

第三，在司法实践中，尤其是在涉外民商事纠纷中，人民法院法官适用法律时，不仅要考虑不违反国内法的规定，还要考虑是否符合国际条约的规定。如果国内法没有规定、国际条约也没有规定，特殊情况下，法官还要考虑不成文的国际惯例。例如在一般涉外合同纠纷中，我国法律允许当事人意思自治，选择案件的准据法。如果当事人没有选择合同的准据法，则由法官按照最密切联系原则确定案件的准据法。依据国际习惯的规定，确定最密切联系地的依据一般是当事人的住所地、国籍国、合同签订地、合同履行地、标的物所在地、受理案件法院地等。

第四，中国公民、法人以及非法人组织遵守的法律包括国内法还应该包括国际法。改革开放 40 多年来，日渐开放的中国，不仅仅有越来越多的外国人到中国来，也让越来越多的中国人有机会走出去看世界。日趋国际化的中国要求当代中国年轻人不仅要学习国内法，还应该好好学习国际法，学习国际规则，以便在纷繁复杂的国际关系中，能够运用国际法维护国家利益、民族利益、个人利益。

---

① 马晓波，张鑫. 国台办：坚决反对美国向中国台湾地区出售武器 [EB/OL]. 新华网，2020-05-22.

第五，推动、实现以《联合国宪章》宗旨和原则为核心的国际法治，维护国际法律秩序。坚持有利于实现主权、和平、发展、正义、共赢的价值取向；倡导完善科学、合理的国际法律体系；努力推动公平、合理的国际治理机制构建。推动各国特别是发展中国家平等参与国际规则的制定；推动强化国际法的实施和遵守，把"纸面上的法"真正转化为"行动中的法"①。

（二）国际法治思维的基本要求

1. 主权平等

主权是指国家对内最高统治权与对外独立的权利，具体可以细分为平等权、独立权、管辖权以及为保卫平等权和独立权而拥有的自卫权。独立权、平等权建立在主权对外独立的基础上；管辖权建立在主权对内最高的基础之上；自卫权则是一种防御性权利，目的是保护主权的独立与完整。因为独立权、平等权、管辖权、自卫权建立在国家主权的基础之上，是国家与生俱有的权利，因此又叫作国家基本权利。《联合国宪章》明确规定了主权平等原则②，包括各国法律地位平等、各国权利与义务对等、互相尊重国家领土主权完整、不干涉他国内政、善意履行国际义务、国家之间和平共处等。因此主权平等原则不仅是国际法的核心原则，也是国际法其他各项原则产生、存在的前提与基础。

例如，联合国成立于 1945 年 10 月 24 日，总部设立在美国纽约，

---

① 马新民. 不懈推动国际法治 努力服务和平发展 [N]. 光明日报，2014-10-30.
② 《联合国宪章》规定，每一国均享有充分主权之固有权利；每一国均有义务尊重其他国家之人格；国家之领土完整及政治独立不得侵犯；每一国均有权利自由选择并发展其政治、社会、经济及文化制度；每一国均有责任充分一秉诚意履行其国际义务，并与其他国家和平相处。

由六大机构①组成，在解决地区武装冲突，缓和国际紧张局势，维护世界和平与安全，促进世界各国经济、科学、文化的合作与交流等方面发挥着相当积极的作用。每年9月的第三个星期二召开联合国大会，参加大会的任何一个会员国不论大小强弱都只有六个座位：有的小国尽管只派一两个代表出席，但也拥有和大国一样的座位数；大国派的代表再多，也只有六个代表能坐在会议厅里面参加会议。为了更好地体现"主权国家法律地位平等原则"，联大采用"抽签制"解决各国代表座次问题。每年联大开会前，秘书长从一只盒子里（内有标志所有联大会员国名称的卡片）任意抽出一张卡片，卡片所载明的国家成为本届联大的"首席"国家，在第一个席位（位于主席席位的右侧）就座。且以该国国名第一个英文字母打头排序，如果两国家的名字第一个字母一样，就看第二个字母，依次类推，这样各国都有均等机会在前排就座。例如，第73届联合国大会会议于2018年9月18日开幕。经秘书长抽签，马里被选中在第73届会议期间占据大会堂内第一个座位。其他国家按英文字母顺序依次排定座位②。

但主权平等原则仅仅保证的是各国在法律上的机会平等和地位平等，是一种形式上的平等，不能保证各国在政治与经济领域中的实质平等，更不是消除国家之间实力与能力不平等的保证。因此主权平等原则需要各国在国际关系中自觉遵守，自动履行。

2. 禁止武力解决国际争端

也就是说所有国际争端，除自卫外，必须而且只能以和平的方法

① 联合国六大机构包括联合国大会、联合国安全理事会、联合国经济与社会理事会、联合国托管理事会、国际法院、秘书处。
② 钱文荣. 联合国各国代表的座位是怎么排的［EB/OL］. 新华网，2015-09-29.

解决。禁止武力解决国际争端原则是人类几千年来历史发展的必然结果。历史证明，武力无法彻底解决争端；实施武力的背后，带来的可能是人类社会的灭绝。例如，第一次世界大战动用了飞机、坦克、大炮，带来的后果是摧毁了人类几千年积累的文明与财富；第二次世界大战动用了原子弹，原子弹投放地广岛、长崎到现在为止原子弹轰炸的后遗症仍然没有消失。因此国际法专家、军事专家均预言：从主要军事大国手中的核武器来看，如果第三次世界大战爆发，那就是核战争。而核战争一旦爆发，带来的结果是既没有战胜国也没有战败国，因为大家都同归于尽了。因此，为了防止世界大战爆发，维护人类社会的可持续发展，国际社会要坚持和平解决国际争端，反对武力解决国际争端。

首先，对于国际争端的任何一方当事方均不得因为争端存在，或者因为和平解决争端的方法失败而直接采用武力或以武力相威胁。历史证明只要国家存在，就一定存在分歧与争端，如果解决争端只依靠武力，打来打去只会火上浇油，问题不仅得不到解决，甚至可能演变成更大的问题。最好的方法就是坐下来好好谈，尽管可能不能做到彻底解决问题，但至少能起到缓和矛盾、缓解紧张局势的作用。

例如 1914 年 6 月，德国皇帝威廉二世得到萨那热窝刺杀事件①的消息后，认为这是发动战争的最好理由。他马上致电奥匈帝国皇帝弗兰茨，煽动奥匈帝国对塞尔维亚宣战，并承诺一旦开战，德国将全力支持奥匈帝国。弗兰茨听从了他的建议，向塞尔维亚宣战。没多久，德、法、英、俄等国互相宣战，巴尔干半岛的火药桶彻底爆炸，第一次世界大战爆发。第一次世界大战的爆发不仅仅是争端当事国违反和平解决争

---

① 萨拉热窝刺杀事件是指奥匈帝国的皇储斐迪南大公和妻子索菲娅在萨拉热窝遇刺身亡，引发了第一次世界大战。

端原则，还有其他国家采取了恶化危机的措施共同导致的。战争不仅没有解决争端，反而使争端恶化、争端范围进一步扩大，最终演变成了世界大战。

其次，任何国际争端的和平解决必须依据国际法的规定，包括国际法基本原则、可以适用于争端当事方的普遍性条约、区域性条约和双边条约以及国际习惯法等；如果国际法没有规定，则应当依据正义原则解决争端。总之解决国际争端不能危及国际和平与安全。

再有国际争端应在争端当事国主权平等原则基础上，根据公平原则与自愿原则，尽快实现完全地解决；尤其是在寻求国际争端的和平解决时，不仅争端当事各方负有合作的义务，其他国家也不可以采取可能使情况恶化的任何行动，否则不仅问题得不到解决，反而会使问题恶化。例如1999年5月7日，以南联盟境内存在大规模人权冲突为由，以美国为首的北大西洋公约组织发动了对南联盟的轰炸，结果误炸了中国驻南联盟大使馆①。根据国际法的规定，驻外使领馆被认为是一个国家领土主权的延伸，使馆馆舍不受侵犯。因此北约对中国驻南联盟使馆的轰炸应被视为对中国国家领土主权的侵犯，应该承担国

---

① 1999年5月8日清晨，以美国为首的北约使用导弹袭击了中国驻南斯拉夫联盟共和国大使馆，正在使馆中工作的新华社记者邵云环，《光明日报》记者许杏虎、朱颖不幸牺牲，同时炸伤数十人，使馆馆舍严重损毁。中国政府当天上午即发表严正声明，严厉谴责以美国为首的北约的野蛮暴行，要求北约必须对此承担全部责任。对北约轰炸中国驻南使馆表示最强烈的抗议。随之而来的是中国民众激于义愤而组织的一系列抗议活动，中国人的爱国主义之火被以美国为首的北约彻底点燃。各地纷纷举行游行、集会，强烈谴责北约暴行。最终在1999年5月11日，美国总统克林顿、国务卿奥尔布赖特就中国驻南使馆被炸公开道歉。2000年12月16日，中美两国政府就使馆被炸的赔偿问题达成协议。1999年7月30日，中美两国代表团在北京就这一事件的赔偿问题达成共识，美国将尽快向中国政府支付450万美元的赔偿金。中国政府将把这一款项分付给三位烈士的家属及受伤人员。2001年1月19日，美国政府向中国政府支付了轰炸中国驻南使馆财产损失赔偿金2800万美元。

际法律责任。事发后，中国没有采取任何武力报复措施，而是根据"和平解决国际争端原则"，坐下来与美国政府平心静气地谈判、协商。最终"北约轰炸中国驻南联盟使馆案"以和平的方式解决。受害国中国严格恪守国际法基本原则，采取有理、有力、有节的做法，不仅完美地解决了问题，维护了国际和平与安全，而且使中国在当时的中美关系中占据主动。

3. 不干涉他国内政

内政是国家主权中对内最高权的集中体现，是国家在其管辖领土上行使最高权力的表现。内政的具体内容首先包括国家宪法和法律规定的事项，例如决定本国政治、经济、文化等制度，选择国家政权组织形式和制定国家对内、对外政策，以及对外关系的建立、接受，或者加入条约、参加国际组织、出席国际会议、宣战或媾和，等等。例如 1972 年中国与日本建交、1979 年中国与美国建交、2020 年 6 月制定并通过《香港特别行政区维护国家安全法》等都属于中国内政。其次包括国家主权范围内的任何具体措施和行动。例如 2020 年新冠肺炎疫情期间，武汉采取"封城"①"解封"②等举措就属于中国内政。但是"内政"不能以单纯的"地域"为区分的标志。一个国家在本国境

---

① 武汉市新型冠状病毒感染的肺炎疫情防控指挥部. 武汉市新型冠状病毒感染的肺炎疫情防控指挥部通告（第 1 号）［A/OL］. 新华网, 2020-01-23. 2020 年 1 月 23 日凌晨发布消息，为全力做好新型冠状病毒感染的肺炎疫情防控工作，有效切断病毒传播途径，坚决遏制疫情蔓延势头，确保人民群众生命安全和身体健康，自 1 月 23 日 10 时起，武汉全市城市公交、地铁、轮渡、长途客运暂停运营；无特殊原因，市民不要离开武汉；机场、火车站离汉通道暂时关闭。恢复时间另行通告。
② 湖北省新型冠状病毒感染的肺炎疫情防控指挥部. 湖北：武汉市 4 月 8 日起解除离汉离鄂通道管控措施 武汉市以外地区 3 月 25 日起解除离鄂通道管控［A/OL］. 新华社, 2020-03-24. 2020 年 3 月 24 日，湖北省新型冠状病毒感染肺炎疫情防控指挥部发布通告，从 4 月 8 日零时起，武汉市解除离汉离鄂通道管控措施，有序恢复对外交通，离汉人员凭湖北健康码"绿码"安全有序流动。

内的某些行为可能属于内政，也可能不属于内政。例如，在本国境内扣留外国外交代表做人质的行为，国内实施种族隔离，发生在国内的种族歧视、种族灭绝等严重违反国际法的行为，如果国家不加干预和制止，甚至默许和支持，就不属于一国内政的范围，而是属于国际犯罪，各国都有管辖权。例如1994年4—6月，短短3个月的时间里，卢旺达境内约有80万至100万人惨死，占全国总人口的1/8，其中主要是图西族人还有一些同情图西族的胡图族人；还有25万至50万卢旺达妇女和女孩遭到强奸。显然，如果种族屠杀与灭绝属于内政，他国不能干涉的话，卢旺达境内的种族屠杀只会愈演愈烈，与联合国维护和平与安全的宗旨背道而驰。

"干涉"一般是指为达到自己的目的，实现自己的意图，某一个国家或者某一个国际组织使用政治、经济甚至军事的手段，以直接或间接、公开或隐蔽的方式干预另一个国家的内政与外交事务，使被干预国按照干预国的意图行事，改变原来预先决定执行的某种方针、政策或已经存在的某种情势。干涉他国内政，是侵犯他国主权的行为之一，它破坏了国家主权的对内最高性和对外独立性，因此是严重违反国际法的行为之一。例如由香港"陈同佳案"① 引发的"反修例风波"②，从2019年4月持续到2019年11月，从最初的示威游行，到暴

---

① 陈同佳案［EB/OL］.搜狗百科，2020-07-10.陈同佳在2018年2月与女友潘晓颖赴台游玩，但在台湾酒店房间与女友发生争吵并将其勒死，之后独自一人潜逃回港。2018年3月13日，香港警方以谋杀案罪名拘捕陈同佳。2019年10月22日9时，陈同佳刑满出狱。

② 尹艳辉.陈同佳决定就涉嫌杀人案赴台"自首"，林郑月娥：希望能为社会带来宽松感［EB/OL］.环球网，2019-10-19.因香港与台湾之间没有遣返协议，陈同佳仅被判处29个月徒刑。此案触发香港政府提出修订《逃犯条例》，但是香港反对派却声称，中央政府将用这一条例来关押政治异见者。

力乱港，事件逐步升级的背后是外国势力插手的结果，例如非政府间国际组织的资金支持、外国政府赤裸裸的干涉。2019年10月，美国国会众议院通过由少数议员提出的所谓"香港人权与民主法案"。香港是中国的香港，香港没有出现国际法认定的不属于内政的事件，美国没有任何理由插手香港事务，但美国国会却通过了与香港有关的法案。这一行为赤裸裸地表明美国希望将香港作为牵制中国的筹码和战略博弈的棋子①，并以此干涉中国内政。

综上，不干涉他国内政也是国际法治思维的重要内容之一。

4. 坚持正确的义利观

义利观是一种对待权利与义务的态度。中国自古以来非常强调"重义轻利、先义后利、取利有道"。例如孔子曾说"君子喻义，小人喻利"②；孟子也主张"舍生取义"③。在对外交往、国际合作中，中国一贯坚持正确义利观，恪守互利共赢原则开展对外交往。一方面坚持履行大国的责任；另一方面增加对发展中国家特别是最不发达国家的援助，帮助发展中国家摆脱贫穷，实现自主发展和可持续发展；与周边国家和睦相处，守望相助，与邻为善、与邻为伴，共同发展。

例如，2013年国家主席习近平先后提出"丝绸之路经济带"和"21世纪海上丝绸之路"的合作倡议。"一带一路"贯穿亚欧非三洲，覆盖136个国家或地区。陆地依靠国际铁路运输；海上依靠港口轮船运输，将沿线国家串联在一起，互通有无、共同建设、共同治理、共同享有建设成果。为此中国倡导并出资300亿美元成立"亚洲基础设

---

① 李晓兵. 评美国"香港人权与民主法案"［EB/OL］. 新华网，2019-11-22.
② 原句为"君子喻于义，小人喻于利"。
③ 原句为"生亦我所欲也，义亦我所欲也；二者不可得兼，舍生而取义者也"。

施投资银行"；投资 400 亿美元成立丝绸之路基金，助推"一带一路"沿线国家的经济发展。这一举措，充分印证了中国秉持"先义后利"的义利观，坚持与其他发展中国家共建、共治、共享，彰显了中国努力推动人类社会共同发展的大国责任。

5. 善意履行国际义务

1970 年联合国大会以全体一致的表决方式通过了《关于各国依联合国宪章建立友好关系及合作之国际法原则之宣言》（简称《国际法原则宣言》）明确规定了善意履行国际义务原则①。

（1）要履行国际义务。国际义务包括国际法原则、规则产生的义务以及作为缔约国参加的国际条约所承担的各项义务，首先要履行国际法原则规则规定的义务，例如《联合国宪章》规定的四项宗旨、七项原则是国际法基本原则，也是其他国际法原则产生的依据与基础，因此凡是违背《联合国宪章》宗旨和原则制定的条约、公约一概无效。违反国际法基本原则的行为还有可能构成国际犯罪。其次是根据"约定必守原则"，各国应该自己加入或者接受的国际条约，如果缔约国违反具体条约的规定，则要承担该条约规定的法律责任。

（2）要善意履行国际义务。善意是相对于恶意而言的，如果义务人在履行义务的时候，刻意追求增加相对方不必要的负担，体现出来的就是义务人的主观恶意。例如 1979 年 1 月 1 日中国与美国建立正式

---

① 善意履行国际义务原则是指每一国均有责任一秉诚意履行其依《联合国宪章》所负之义务；每一国均有责任一秉诚意履行其依公认之国际法原则与规则所负之义务；每一国均有责任一秉诚意履行其在依公认国际法原则与规则系属有效之国际协定下所负之义务。

外交关系。中美建交的基础是中美三个联合公报。① 三个联合公报的核心内容是：中华人民共和国政府是中国的唯一合法政府，坚持一个中国原则，坚持台湾是中国不可分割的一部分。三个联合公报是中美两国关于两国关系以及我国台湾问题的重要历史文件，坚持一个中国原则和中美三个联合公报的原则是中美关系健康发展的政治基础。然而，中美关系正常化之后，美国一边不断承认中美"三个联合公报"中确定的"一个中国"的原则，一边违反"三个联合公报"基本原则。1979年3月，美国国会通过了《与台湾关系法》，以国内立法的形式"向台湾提供防御性武器"；尽管在1982年中美《八一七公报》中，美国承诺最终停止对台军售，但至今仍未履行该义务。这种典型的"两面派"的做法就是恶意履行国际义务，甚至是不履行国际义务的表现。

（3）违反的是合法、有效的国际义务。例如2001年4月1日上午，美国一架侦察机飞抵中国海南岛东南海域上空，在中国沿海地区收集中国军事情报，中国派出两架歼击机进行监视。其间，美机突然转向，与正常飞行的中国侦察机相撞，造成中国飞机坠毁、飞行员王伟跳伞后下落不明的结果。随后，机身受损的美机迫降在海南陵水机场。"中美撞机事件"是美国非法收集中国南海情报，违反现行有效

---

① 1972年2月28日签订的《中华人民共和国和美利坚合众国联合公报》（又称《上海公报》），1978年12月16日中美两国发表的《中华人民共和国和美利坚合众国关于建立外交关系的联合公报》（又称《中美建交公报》），中国与美国于1979年1月1日正式建立大使级外交关系，与此同时美国宣布与台湾断交；1982年8月17日签订的《中华人民共和国和美利坚合众国联合公报》（又称《八一七公报》），美方承诺"它不寻求执行一项长期向台湾出售武器的政策，它向台湾出售的武器在性能和数量上将不超过建交以来近几年的水平，准备逐步减少它对台湾的武器出售，并经过一段时间导致最后解决"。

的飞行规则导致与中国飞机相撞的结果，理应承担国际法责任。但是事件发生后，美国政府最初没有按照惯例先与中国政府磋商，导致事件进一步复杂化。中方据理力争，援引"善意履行国际义务原则"与美方磋商、谈判。最终两个多月后，该事件以美方向中国人民和飞行员家属表示"真诚的遗憾"，并派工程人员将 EP-3 型侦察机拆成零件运走而告终。

1911 年 5 月，清政府为了镇压南方农民起义与西方四国（英美法德）银行签订 600 万英镑，借期 40 年的借款合同。不久辛亥革命爆发，清政府垮台，这笔借款自 1936 年起即无人支取利息，1951 年本金到期也无人要求偿还。直至 1979 年中美建交后，美国亚拉巴马州公民杰克逊等 9 人代表 300 多名美国人，通过集体诉讼的方式，向该州联邦地方法院对中华人民共和国起诉，要求偿还湖广铁路债券欠款本息共计 2.2 亿美元。我国根据国际法的规定，认为借款的目的适用于镇压南方农民起义，条约的内容违法，因此这是无效的国际借款合同。无效的国际条约不需要履行条约义务，因此我国中央人民政府退回了美国法院的出庭传票①。

6. 维护以联合国为核心的全球治理机制

在世界各国共同推动之下，1945 年 10 月联合国成立。这是二战后成立的首个全球性政府间国际组织，成立的目的是反对战争，维护国际和平与安全。为此《联合国宪章》第一条开宗明义规定了联合国的四项宗旨②，明确了联合国的任务是维护国际和平与发展；第二条

---

① 俞飞. 湖广铁路债券风波 [N]. 法治周末报，2019-10-19.
② 《联合国宪章》规定，联合国四项宗旨包括维护国际和平与安全、发展各国间友好关系、促进国际合作、构成协调各国行动的中心。

则明确规定了联合国及其会员国应当遵守的七项原则①。《联合国宪章》四项宗旨七项原则已经成为国际法的重要内容，是国际法其他基本原则的渊源与基础，甚至是国际强行法的一部分，要求所有国家必须遵守，没有例外。以联合国为核心的全球治理机制得以形成。

联合国成立之后的70多年里，由于大国强权主义与霸权政策的影响，加上本身机制的滞后性等原因，联合国暴露出了很多问题。但不可否认的是，它仍然是当今维护国际和平与发展的核心机构，是推进全球治理法治化的重要力量，我们应该予以维护。

例如2003年"伊拉克战争"。为了报复"不听话、总给美国找麻烦"的伊拉克总统萨达姆，美国以伊拉克藏有大规模杀伤性武器并暗中支持恐怖分子为由，多次提请联合国安理会讨论并批准美国对伊拉克使用武力，但都因为俄罗斯、中国的反对没有通过。美国干脆直接绕开联合国安理会，联合英国、澳大利亚等国家单方面对伊拉克发动战争，实施军事打击。从国际法的角度来看，没有得到联合国安理会的授权动武的伊拉克战争是非法的。美国政府知道，如果伊拉克战争结束后，没有在伊拉克境内发现任何大规模杀伤性武器，就将坐实自己单方面发动伊拉克战争的行为是绝对违反国际法的非法行为。为了使伊拉克战争披上合法的"外衣"，免受国际法制裁，2003年10月，美国又回到联合国框架之下，努力使联合国安理会通过1511号决议，

---

① 《联合国宪章》规定，联合国七项原则包括：成员国主权平等原则；善意履行宪章义务；和平解决国际争端；不得使用武力，或者以武力相威胁，或者以与联合国宗旨不符的任何其他方法，侵害任何会员国或国家的领土完整或政治独立；对联合国采取的行动，各会员国应予协助，联合国对任何国家采取行动时，各会员国不得对该国给予协助；联合国在维持国际和平与安全的必要范围内，应保证非会员国遵守上述原则；不得干涉会员国的国家主权。

授权美国组织、领导驻伊拉克多国部队，从而使美国在伊拉克的行动合法化。因此伊拉克战争的爆发一方面说明联合国机制运行多年，内在的问题确实存在且逐渐显现，需要改革与完善；另一方面证明了不管联合国机制存在怎样的问题与漏洞，美国还是无法绕开联合国，随心所欲。因此我们还是应该维护以联合国为核心的全球治理体制，完善联合国机制，充分发挥联合国的作用，实现国际法治，维护国际和平与安全。

7. 秉持新型全球治理观，努力推动全球治理体系民主化、法治化，最终实现全球共赢

在当前的全球治理体系中，受冷战思维的影响，仍然存在不少不合理的思维方式和体制、机制，给全球治理埋下隐患。比如，在经济安全治理领域，小多边封闭政治集团、排他性贸易集团、针对他方的对抗式军事结盟体系以及文明冲突思维等，都是构建新型国际关系的障碍①。这种只谋求单赢（片面追求个别国家利益）的做法与全球合作共同解决全球问题的要求产生激烈冲突，导致全球治理困难重重。正如 2018 年 6 月 21 日，国家主席习近平会见来华参加"全球首席执行官委员会"特别圆桌峰会的知名跨国企业代表时强调，"世界命运应该由各国共同掌握，国际规则应该由各国共同书写，全球事务应该由各国共同治理，发展成果应该由各国共同分享"②。因此世界各国需要秉持共商、共建、共享等新型全球治理理念，创造性地推动全球治理体系变革和建设，推动全球治理体系与治理能力的现代化。只有坚持共商、共建、共享，才能在全球治理体系变革中凝聚各方共识、形

① 苏长和. 坚持共商共建共享的全球治理观 [N]. 人民日报，2019-03-27.
② 侯丽军. 解决世界问题，习近平给出最新方案 [EB/OL]. 求是网，2018-06-25.

成一致行动，才能破解全球治理难题，应对人类共同面临的挑战。

8. 构建人类命运共同体，保护基本人权

2012 年习近平主席在党的十八大上明确提出"人类命运共同体"的概念；就任总书记后首次会见外国政要时，他就表示：面对世界经济的复杂形势和全球性问题，任何国家都不可能独善其身①。人类只有一个地球，各国共处于同一个世界，因此各国在谋求本国正当利益的同时，应该尽可能兼顾他国的合理关切；在谋求本国政治、经济、文化等领域发展中，应该想方设法促进其他国家的共同发展。因此"人类命运共同体"实际上是一种价值观、世界观，不仅包含相互依存的国际权力观、共同利益观，还包含可持续发展观和全球治理观在内。

根据 1945 年生效的《联合国宪章》、1948 年通过的《世界人权宣言》等一系列国际法文件的相关规定，基本人权包括以下内容：生存权②、平等权③、社会保障权④、环境权⑤、自决权⑥、发展权⑦、

---

① 曲星. 人类命运共同体的价值观基础 [J]. 求是，2013（4）：53-55.

② 《世界人权宣言》第 25 条确认生存权的主要形式有生命权、健康权、人的尊严权、财产权、劳动权等。

③ 《世界人权宣言》和"国际人权两公约"多次规定了形式上和实质上的平等权，具体是指国与国、民族与民族、不同的人与人，都应该享有应然和实然的平等权利。

④ 《世界人权宣言》第 22 条规定，每个人享有社会保障权，以使国家、社会和国际合作努力实现每个人的个人尊严和人格自由发展所必需的经济、社会和文化方面的各种权利。特别要强调对广大平民百姓和弱势群体的社会保障权。

⑤ 联合国文件《人类环境宣言》确认了环境权与人类生存和发展的重要关系，以使人类有权在一种能过着尊严和互利的生活环境中，人人享有自由、平等和充足的基本生活权利。

⑥ 1960 年 12 月 4 日联合国大会决议宣布的《给予殖民地国家和人民独立宣言》确定所有的人民都有自决权，依据这个权利，他们自由地决定他们的政治地位，自由地发展他们的经济、社会和文化。

⑦ 1986 年 12 月 4 日联合国大会决议通过的《发展权利宣言》，确认发展权为基本人权，旨在推动、促进和实现社会福利、进步和发展。发展权的主体包括个人、民族和国家。

知情权①、安全权②、接受公正审判权③、基本自由④、接受教育权⑤、和平权⑥等。人类命运共同体是对《联合国宪章》和《世界人权宣言》的继承与发展。从中国构想的人类命运共同体的蓝图来看，我们倡导坚持对话协商，建设一个持久和平的世界；坚持共建、共享，建设一个普遍安全的世界；坚持合作共赢，建设一个共同繁荣的世界；坚持交流互鉴，建设一个开放包容的世界；坚持绿色低碳，建设一个清洁美丽的世界。

2020年上初暴发的新冠肺炎疫情，中国有14亿人口，一旦疫情出现大流行，影响将十分巨大。因此中国政府不计任何代价，采取了非常严密的防范措施防止病毒扩散，为世界各国最终战胜疫情赢得宝贵的时间。中国政府履行的不仅仅是一个国家政府的国内职责，还体现了一个负责任的大国勇于担当国际责任的大国情怀。

---

① 又称知道权或信息获得权。现代社会要求知情权上升为基本人权，它是现代民主制度及信息化社会建立的基础性权利。该权利被认为是社会走向光明的保证。

② 2005年3月21日，时任联合国秘书长的安南在提交的一份联合国改革草案中，将"安全"作为四个改革方案之一，安全与和平紧密相连。就各国而言，安定团结是各国人民和政府普遍关心的话题，政府和社会应采取最有效的措施，使一国之内的所有人生活在安全、和平和自由的环境之中。

③ 接受公正审判权要求国家和国际社会重构司法制度，把司法的功能限定在权利救济上，把司法的价值定位于追求公正和效率上，把司法的性质定位于被动与判断上，以期通过接受公正审判而达到社会公正与正义。

④ 自由权为《世界人权宣言》确定的概括性人权，被人权研究学者誉为第一顺列的权利（第一代人权）。由于自由权涉及各个不同学科领域，内涵不易确定，外延较为广泛，难以确认为基本人权类型。1999年3月8日联合国大会决议通过的《关于个人、群体和社会机构在促进和保护普遍公认的人权和基本自由方面的权利和义务宣言》中，将所有人权和基本自由并列规定，这样将基本自由从一般"自由权"中分离出来，将普遍公认的人权和基本自由确认为基本人权。基本自由包括政论自由、经济自由、文化自由、人格自由、人身自由等。当然，经济自由等基本自由也受法律和国际规则所限制。

⑤ 《世界人权宣言》第26条规定了此内容。

⑥ 第二次世界大战后的《联合国宪章》和《世界人权宣言》规定了此内容。

2020 年 3 月 6 日，国务院新闻办公室在湖北武汉举行新闻发布会，中央指导组成员、国务院副秘书长丁向阳说："中国疫情的下降，保护了国际安全，构建起了阻止疫情传播的第一道防线，为全世界抗击疫情赢得了时间。"中央指导组成员、工业和信息化部副部长王江平在新闻发布会上指出："随着国内疫情形势的逐步好转，中国可以向有防护物资需要的其他国家提供力所能及的支持，中国制造为世界提供物质支持。"中央指导组成员、国家卫生健康委党组成员、中医药局党组书记余艳红在发布会上说，中国诊疗方案（中医和西医结合）将为世界各国抗击疫情提供中国"处方"①。

正是这种高度负责任的国际视野与情怀，不仅赢得了国内人民的支持与响应，更是获得了国际社会的高度评价。世界上绝大多数国家政党领导人致电、致函中共中央对外联络部，高度评价中国为抗击新型冠状病毒感染肺炎疫情所做的努力，并且表达了对中国的积极支持②。

例如委内瑞拉总统马杜罗表示，中方为应对疫情采取了创新举措，为保护人民做出巨大努力，彰显了中国制度的优越性。相信中国必胜！

博茨瓦纳总统马西表示，中方采取的全面有效措施保护的不仅是中国人民，也包括外国公民，充分体现了友好、仁爱和合作共存的精神。

坦桑尼亚总统马古富力表示，赞赏中国政府采取的迅速有力措施

---

① "疫情快速上升势头得到控制，任务依然艰巨繁重"：中央指导组国新办发布会传递当前湖北疫情防控重要信息 [EB/OL]. 新华网，2020-03-06.
② 外国政要积极评价和支持中国抗击新冠肺炎疫情 [EB/OL]. 新华网，2020-02-13.

以及中国人民展现出的勇气和决心。

荷兰首相吕特表示，中国政府和人民有强大的勇气和力量，坚信中方将同世卫组织密切协作并有效控制疫情。

新西兰总理阿德恩表示，赞赏中方针对疫情采取的坚决果断防控措施，新方愿为中方战胜疫情提供帮助。

加拿大总理特鲁多表示，值此艰难和不确定时期，国际社会必须继续合作，我们随时准备向中方提供帮助。

阿盟秘书长盖特表示，阿盟赞赏并支持中国为抗击新冠肺炎疫情所做巨大努力，相信中方有能力战胜此次挑战。

77 国集团主席国圭亚那表示，77 国集团全力支持中国政府抗击新冠肺炎疫情所做努力，强调国际社会应本着负责、透明、团结、合作精神，共同应对疫情，防止歧视、污名化和传播不实信息。

世卫组织总干事谭德塞在新冠肺炎全球论坛开幕式上表示，特别致敬在中国的兄弟姐妹们，赞赏他们在极为艰难的情况下表现出的勇气和耐心，倡导大家团结一致，祝愿在中国的兄弟姐妹们早日收获成功和健康。

上海合作组织秘书长诺罗夫表示，中国政府和人民为抗击疫情采取了果断高效的措施，上合组织各国领导人坚定和无条件支持中方抗击疫情的努力。

此外，刚果（布）总统萨苏、斯洛文尼亚总统帕霍尔、纳米比亚总统根哥布、塞浦路斯总统阿纳斯塔西亚迪斯、加蓬总统邦戈、巴布亚新几内亚总理马拉佩、莱索托国王莱齐耶三世、哥斯达黎加总统阿尔瓦拉多、安提瓜和巴布达总理布朗、所罗门群岛总理索加瓦雷，以及联合国人口基金执行主任、联合国社会发展委员会主席、西非国家经济共同体委员会主席、南部非洲发展共同体执行秘书、红十字会与红新月会国际联合会主席也表达了支持和慰问。

在中国共产党坚强领导下，我国新冠肺炎疫情得到了有效控制。数据显示：截至 2020 年 7 月 12 日 20 点，31 个省自治区直辖市和新疆生产建设兵团报告累计确诊案例 85560 例，其中 1971 例为境外输入病例；现有疑似病例 7 例；累计治愈 80331 例，累计死亡 4648 例①。而截至 2020 年 7 月 12 日 20 点，美国累计确诊 3356242 例；累计治愈 1490702 例，累计死亡 137414 例②。中美两国对新冠肺炎疫情的防控效果，高下立见，社会主义制度的优越性得到充分的体现。

目前全国上下做好疫情防控的同时，党中央、国务院带领全国开始逐步有序地推进复工、复产、复学，努力抢回因疫情耽误的宝贵时间，将损失尽量降到最小。2020 年 5 月 22 日，李克强总理在全国人民代表大会的政府报告中指出，为了更好地推进疫情防控，兼顾经济社会发展，今年中央人民政府推出 8 个方面 90 项政策措施，实施援企稳岗，减免部分税费，免收所有收费公路通行费，降低用能成本，发放贴息贷款。按程序提前下达地方政府专项债券。不误农时抓春耕。不懈推进脱贫攻坚。发放抗疫一线和困难人员补助，将价格临时补贴标准提高一倍。

---

① 最新疫情地图实时数据报告 ［R/OL］. 百度网，2020-07-12.
② 疫情实时大数据报告 ［R/OL］. 百度网，2020-07-12.

第九章

大学生法治思维的培养与践行

2020年1月22日，武汉学院会计专业大三学生郭岳从武汉坐飞机回河北黄骅老家。尽管没有任何明显感染症状，他上飞机之前还是带了三层口罩和手套，途中，不摘下口罩、手套，不与任何人交谈，防止感染后潜伏期感染他人；提前打电话给父亲带上酒精，让父亲接他的时候给他和行李箱消毒；回到家，主动联系社区说明自己的情况后，开始居家自我隔离。当听到同学确诊的信息后，想到自己1月17日曾经出现过咳嗽，马上告知社区，当天就前往医院隔离。1月29日郭岳确诊。2月7日出院后，担心病情可能会反复，传染他人，郭岳开始在自家车库自我隔离28天，靠手机与外界沟通，使用取暖器取暖。每天父母把饭菜送到车库门外，同时在身体允许的前提下，备战2021年研究生考试。2月22日还应沧州市人民医院的请求，捐献了200毫升血浆。正因为郭岳教科书式的自我隔离，没有密切接触他人，未造成一人因他感染[1]。郭岳的硬核"抗疫"不仅体现了当代大学生的责任与担当，也体现了当代大学生应有的法治思维。

---

[1] 李碗容，罗茜. 硬核！自己确诊未连累一个人！这名武汉大学生自我隔离38天！[N]. 楚天都市报，2020-02-29.

2020 年 2 月 5 日，中央全面依法治国委员会第三次会议审议通过《中央全面依法治国委员会关于依法防控新型冠状病毒感染肺炎疫情、切实保障人民群众生命健康安全的意见》。明确提出要从立法、执法、司法、守法各环节发力，完善疫情防控相关立法，严格执行疫情防控和应急处置法律法规，加大对危害疫情防控行为执法司法力度，加强疫情防控法治宣传和法律服务，为疫情防控工作提供有力法治保障。正如习近平总书记强调的，"在法治轨道上统筹推进各项防控工作，全面提高依法防控、依法治理能力，保障疫情防控工作顺利开展，维护社会大局稳定"。

高校是我国依法治国的重要阵地，大学生是未来的社会主义建设者与接班人，因此大学生法治思维的培养与践行关系到法治国家、法治政府、法治社会建设，关系到依法治国的全面推进。大学生法治思维的培养不能纸上谈兵，也不是一朝一夕能够速成的，而是需要长时间、有意识的引导与培养；要将"讲证据、讲程序、讲法律、讲法理"等具体做法与要求融入大学生法治思维的培养中去。具体来说就是首先通过学习法律知识，掌握好基本法律方法；其次积极参与法律实践，逐渐养成尊法、守法的好习惯；最后就是要牢牢守住法律底线，不仅自己要守法，还要监督、帮助别人不违反法律的规定。

一、学法是培养大学生法治思维的前提与基础

遇事讲法律，讲法理，前提是要学法律、学法理。因此培养法治思维的前提是学习法律，只有知道法律的规定，才能够按照法律的规定与要求分析问题、解决问题；一旦遇到没有法律规定时，还能够依据法理的精神解读法律规定，准确把握立法意图，准确理解法律内容。

（一）学习习近平新时代中国特色社会主义法治理论，用先进法治理论武装头脑

法治理论是立法者立法、司法者司法、执法者执法、守法者守法的指导思想。理论学习的好坏对于大学生准确理解立法者的立法意图、司法者的司法目的、执法者的执法目标有重要影响，因此学习法治理论是培养大学生法治思维的关键。

"读原著、学原文、悟原理"是学习法治理论的最好方法。每一个大学生不仅应该认真学习习近平新时代中国特色社会主义法治理论，还应该学习相关的文件与著作，重点学习党和国家机关颁布的重要文件与重要领导人发表的经典著作。例如，十八届四中全会是关于依法治国的首次专题讨论，通过的《中共中央关于全面推进依法治国若干重大问题的决定》提出了依法治国的指导思想①、总目标②、基本原则③；党的十九大报告，深刻、系统地阐述了我国全面推进依法治国的重要性与必要性。尤其要学习习近平主席的一系列重要讲话，

---

① 全面依法治国的指导思想是全面推进依法治国必须高举中国特色社会主义伟大旗帜，以马克思列宁主义、毛泽东思想、邓小平理论、"三个代表"重要思想、科学发展观为指导，深入贯彻习近平新时代中国特色社会主义思想，坚持党的领导、人民当家做主、依法治国的有机统一，坚定不移走中国特色社会主义法治道路，坚决维护宪法和法律权威，依法维护人民权益，维护社会公平正义、维护国家安全稳定，为实现"两个一百年"奋斗目标、实现中华民族伟大复兴梦提供有力的法治保障。

② 全面依法治国的总目标是：建设中国特色社会主义法治体系，建设社会主义法治国家。也就是在中国共产党的领导下，坚持中国特色社会主义制度，贯彻中国特色社会主义法治理念，形成完备的法律规范体系、高效的法治实施体系、严密的法治监督体系、有力的法治保障体系、完善的党内法规体系，坚持依法治国、依法执政、依法行政共同推进，坚持法治国家、法治政府、法治社会一体建设，实现科学立法、严格执法、公正司法、全民守法，促进国际治理体系和治理能力现代化。

③ 全面推进依法治国的基本原则是：坚持中国共产党的领导，坚持人民主体地位，坚持法律面前人人平等，坚持依法治国与以德治国相结合，坚持从中国实际出发。

其中有关依法治国的论述有利于大学生深刻领悟大学生培养法治思维的深刻内涵与时代意义。

（二）学习法律常识，掌握基本法律方法，逐步形成"遇事讲法"的好习惯

1. 学习法律常识，关键时刻能够讲法律、讲法理，以理服人

法治社会、法治国家的标志就是法律已经渗透到我们日常生活中的各个角落，诸如衣食住行、生老病死、教育就业、创业投资、邻里关系等。其中法律常识是法律规定的一部分，跟日常生活、工作密切相关，包括婚姻家庭、遗产继承、合同纠纷、物业纠纷、房屋买卖租赁、交通事故、医疗事故、工伤赔偿、消费理财、著作发明、刑事犯罪、诉讼程序等方面的法律。了解常用的法律知识，不仅能有效解决日常生活中鸡毛蒜皮的小问题，方便生活，更能从日常小事中增强法律意识，培养法治思维，让大学生在日积月累、潜移默化、厚积薄发中养成用法、守法的好习惯；同时也让另一部分不懂法、法律意识淡薄的人深刻意识到，没有法治思维，不懂法律常识，最终害人害己。

例如 2019 年，单某逗等 8 人在南京某大学西门边开了一家理发店。为了吸引更多的大学生消费，推出"洗剪吹十元"的优惠。结果学生进店后，单某逗等人却单方面通过给学生抹某种药水等手段加价；如果学生不同意，就采取各种骚扰手段强迫学生付费，将学生身上的钱（包括微信、支付宝的钱）掏光不算，甚至强迫学生贷款，最高的一次金额高达 4000 多元，相当于一个普通大学生两三个月的生活费。为了严惩这个恶势力团伙，鼓励大学生敢于与恶势力做斗争，依法维权，2019 年 11 月 1 日，江苏省南京市玄武区人民法院在南京农业大学一审公开开庭审判该案件，300 名左右的在校大学生参加了法

庭旁听。法院一审以强迫交易罪分别判决八名被告人6个月到4年不等的有期徒刑①。

因为学习常用法律知识有助于大学生学会理性处理日常生活中的矛盾纠纷，学会评估行为的后果，从而理性选择做还是不做，所以高校应该畅通学习渠道，引导大学生学习法律常识；大学生也可以有意识地通过电视、电影、书籍、互联网等渠道学习常用法律知识。

（1）高校可以根据现有的条件或者创造更多的学习机会方便大学生学习法律常识

首先，承担"思想品德修养与法律基础"教学的老师应该结合学生的本专业"因材施教"。"思想品德修养与法律基础"是每一个大学生必须学习的课程，因此任课教师首先应该以法律常识为核心，结合不同专业学生的认知水平、学习能力，根据学生的实际需要，选择合适的教学内容。例如计算机专业的学生，除了学习人人都应该学习的法律常识之外，还可以结合计算机专业的特点，讲授有关计算机领域的法律规定以及违法犯罪的真实案例。这样做能更好地激发学生学习法律的兴趣，从而达到学生认真学习法律的目的，为培养大学生法治思维奠定一定的学习基础。另外，任课教师可以根据学生的兴趣、爱好选择合适的实践教学方式，激发学生学习法律的积极性。例如，对于外向活跃型的班级可以考虑举行常用法律知识竞赛、法律观点辩论赛；对于内向沉闷型的班级可以组织观看普法类的电视、电影、法庭旁听；也可以组织学生翻转课堂，讨论热点案件，加深学生对法律知识的理解与运用。还可以结合大学生的学习、生活需要，组织学生课

---

① 赵艳丽，宁法宣. 校外美发店强迫大学生贷款办卡，恶势力犯罪集团8人获刑［N］. 扬子晚报，2019-11-01.

堂讨论与大学生紧密相关的社会热点问题。例如 2015 年陕西杨某、刘某非法出售、提供试题、答案案①，2016 年湖北省荆州市公安县教育培训机构组织考试作弊案②，2016 年北京侯某替考、虎某让他人替考案③，2016 年新疆吕某、张甲、张乙组织作弊案④，2018 年江苏昆山反杀案⑤，2019 年"河北涞源反杀案"⑥ 等。这些鲜活的案例足以让在校大学生警醒："哪些可以做""哪些必须做""哪些不能做"。

　　其次，有条件的学校可以鼓励法学专业教师开设法治教育通识课。法治教育通识课将会有充足的教学时间较为详细地讲解相关内容，有利于大学生相对系统地学习基本法律常识，培养大学生宪法意识、公民意识、权利意识、责任意识、规则意识、程序意识、公平正义意识。例如，有的高校法学教师在全校范围内开设"公民与法律""大学生法律常识""电影与法律""婚姻家庭法"等公共选修课，让学生有更多的机会学习法律，了解常用法律的一般规定，取得了不错的学习效果。

---

① 李媛. 陕西首例研究生考试作弊案今开庭 无线电传标准答案 [EB/OL]. 搜狐网，2016-11-23.

② "组织考试作弊罪全国第一案"荆州开审 揭侦办始末 [EB/OL]. 荆州市人民政府网，2017-03-23.

③ 马方平. 北京替考首案宣判 考生"枪手"被判拘役一个月 [EB/OL].110 法律咨询网，2016-01-15.

④ 黄勇琦. 新疆首例组织考试作弊案一审宣判 [EB/OL]. 中国长安网，2016-09-08.

⑤ 8·27 昆山震川路砍人事件 [EB/OL]. 搜狗网，2019-05-20. 2018 年 8 月 27 日，驾驶车辆的刘某因交通纠纷与骑电动车的于某发生了争执，刘某用砍刀攻击于某时脱手，被于某反击砍杀致死。最终，于某的行为被当地警方认定为正当防卫，依法撤销了案件。

⑥ 河北涞源反杀案过程曝光! 揭秘河北反杀案真正原因 河北涞源反杀案始末 [EB/OL]. 中国小康网，2019-03-11. 2018 年 7 月 11 日晚 11 点左右，王某拿着甩棍、刀具，深夜翻墙闯入乙位于河北保定涞源县乌龙沟乡邓庄村的家中，与乙一家发生冲突。冲突中，王某遭乙一家三口合力反杀。2019 年 3 月 3 日，保定市人民检察院认定乙三人的行为属正当防卫，决定不予起诉。

最后开设法学辅修专业。对于学有余力、对法律充满兴趣与热情的非法学专业同学，学校可以创造条件让其自愿修读"法学二专"。一方面相对系统的法律学习让学生能从更深的层面理解法律，培养宪法、法律至上的法治思想以及法律信仰；另一方面也让非法学专业同学有更多的机会选择其他职业。例如跨专业报考非法学法律硕士，未来成为拥有社会主义法治理念、德才兼备、高层次的复合型、实务型法律人才。

（2）大学生可以利用多种渠道自学法律，提高法律修养，培养法治思维

首先养成自学的好习惯。美国的心理学家威廉斯曾经说过："播下一个行为，收获一种习惯；播下一种习惯，收获一种性格；播下一种性格，收获一种人生。"养成良好的学习习惯是成功的开始。有报道称，在 2019 年，北京、上海等地开设了 80 多家付费自习室，二线城市沈阳、西安、成都也有 60 多家，九成消费者是已经工作的白领，因此有人把 2019 年称为"中国付费自习室元年"。① 这些数据反映了当下青年人面临的竞争压力，也折射出青年对自身能力的焦虑，同时也意味着学习型社会的到来。学会学习是当下大学生的主要目标，大学生学习的范围不仅仅是书本知识，还包括社会知识以及道德规则。有形的知识可以学习，无形的法治思维依靠"润物无声"，逐渐养成。大学生应该养成自学的好习惯，从日常生活中，从社会交往中学习如何做人，如何正确处理问题，最终培养正确的人生观、价值观、法治观。

其次向榜样学习。2018 年 2 月 1 日《中国青年报》第六版以《从

---

① 杨卉. 他们不仅加班 竟然还悄悄学习！[EB/OL]. 澎湃新闻网，2019-12-29.

访民走向法律人》为标题，报道了河南洛阳人郑青自学法律，终于从一名上访者蝶变成法律人的故事。1996 年郑青大学一毕业，根据当年大学毕业生国家包分配的政策，她被分配到洛阳市吉利区建管委工作。报到的时候，单位领导让她等，一等就是五年；上班后，她遇到了各种不公平的事情。首先是发现自己原本属于事业编制，却被别人改成企业编制；各种努力之后好不容易恢复事业编制，又发现与其他同事的待遇不一样。为了维护自己的正当权益，她开始行动，不断找领导、找上级上访。从 2001 年到 2014 年，14 年间前后上访三次。后来在朋友的帮助、鼓励下，她靠百度开始学习相关法律知识，开始通过法律规定的渠道维权。例如因对洛阳市吉利区住建局有关公开补发自己的绩效工资信息的答复不服，她向吉利区政府提请行政复议；对洛阳市吉利区政府维持吉利区住建局的答复意见不服，2014 年 9 月她以住建局和吉利区政府为共同被告，向吉利区人民法院提起行政诉讼。这是河南省洛阳市吉利区法院受理的本辖区内第一起行政诉讼。不会写行政起诉状，郑青就问"度娘""搜狗"等搜索软件，照葫芦画瓢；没钱请律师，就在开庭前请教资深律师怎么法庭发言。最后律师教她，实在不会说，就只说"请法院依法处理"。后来，她在一篇文章中写道："当上访无门，试图走司法途径，才发现自己无助。法律一窍不通，请律师，无人愿意接行政案件；开个听证会吓得连话都不敢回答，怕掉坑里；写个上诉状都不会，我真的被逼急了，我自个过司考，我自个当律师去。"2016 年，43 岁的郑青通过自考拿到法律本科文凭后，在朋友的点拨之下，在淘宝上买了司法考试资料，开始备战全国最难考的考试之一——司法考试（现在改为"法律资格考试"）。第一次备考，没有报任何辅导班，没有做一道真题的情况下，郑青强迫自己下班后每天保证看 30 页书，听 2 个小时的免费网课。2016 年郑青司考考了 276 分，没有通过国家线（360 分）。2017 年，郑青更加发奋，每天下班后经常一个人留在办公室学习，周末两天全天都留在办公室看书。为了挤出更多的时间看书、复习，她晚饭一般啃点烧饼、喝点水和豆浆；晚上 10 点从办公室回家，为了不影响孩子，她在小区的路灯下背诵一个小时再回家。很多人开玩笑说她是"走廊里的老学生，路灯下的老太太"。功夫不负有心人，2017 年，郑青以 362 分通过司考。有人问郑青为什么要参加司考，郑青说："为了中国法治。"这应该是一个中年访民内心最真实的想法，同时也说明了学习法律的重要性。

李子柒，微博知名美食视频博主，2019 年超级红人节最具人气博主、2019 年超级红人节最具商业价值奖得主、成都非物质文化遗产推广大使，2016 年因以"古法风格"形式发布原创美食视频而走红网络，被誉为"2017 年第一网红"①。14 岁被迫辍学，外出打工谋生；没读过多少书，却靠自学学会了拍视频、剪辑；为了让视频更好看，她从头学习如何构图、取景、拍摄等基本技能；拍好的视频再向专家请教一点一点改正。正是李子柒尊师重道，勤学好问，才成就了一个拥有 528 万粉丝、一年广告分红预计达 4452 万元的李子柒。正如印度诗人泰戈尔所说：你今天受的苦，吃的亏，担的责，扛的罪，忍的痛，到最后都会变成光，照亮你的路。

从郑青、李子柒的经历不难发现，学习是通往成功的必经之路，学习法律常识，养成依法办事、自觉守法的好习惯不仅仅是维护社会稳定、经济繁荣的重要保障，也是有效地维护自身合法权益、防止和

---

① 李子柒 [EB/OL]. 搜狗百科，2020-07-12.

避免违法犯罪行为的重要途径。

最后合理利用互联网、电视、电影等新媒体。手机、互联网等新兴工具的出现，大大方便了我们的学习，提高了学习效率。只要学生愿意，任何时间、任何地点都可以学习。利用手机、互联网，学生可以通过网络观看《今日说法》《法治与社会》等普法类节目；在网课盛行的当下，有条件的人还可以根据自己的需要参加中国大学慕课网、智慧树等教育平台推出的在线法治课程。

2. 掌握基本法律方法，养成用法律方法分析、思考、解决问题的习惯

学习法律常识的目的在于掌握法律方法，学会运用法律方法思考、分析、解决法律问题。法律方法从管理学的角度来说是指国家根据广大人民群众的根本利益需要，通过制定各种法律、法令、条例和采取司法、仲裁等措施调节社会关系，以保证社会秩序稳定和促进社会经济发展的一种管理方法。这种管理方法的实质就是依法管理，包括依法定程序制定规章制度。有效的规章制度对所有组织和个人具有同等的约束力；各组织、单位、个人均要遵守依法制定的规章制度，否则将要承担法定责任。运用法律方法管理国家、社会、政府，目的是将国家、社会、政府的活动纳入规范化、制度化的范畴，保证必要的社会秩序的稳定。

法律方法本质上是一种利用上层建筑的力量影响和改变社会公众活动方式的方法。因此如果各项法律和法规的制定和颁布符合社会客观规律的发展要求，就会促进社会、经济的持续、稳定发展；反之，则可能成为社会、经济发展的严重障碍。从另一个角度来看，社会公众对基本法律方法的了解与掌握能在社会实践中实现立法者的立法意

图；同时社会实践中暴露出来的立法漏洞、司法瑕疵、执法缺陷也将提醒立法者、司法者、执法者及时查缺补漏，采取适当办法补救，使立法、司法、执法、守法之间形成良性互动，互相配合、互相协作，维护社会关系、经济关系的和谐与稳定。

例如，2020 年年初，在暴发新冠肺炎疫情期间，我国政府充分发挥法律方法在社会管理中的积极作用，依法治疫取得了阶段性胜利，积累了一定的疫情防控的经验，得到国际社会的高度评价。

首先实行疫情防控分类管理。《中华人民共和国传染病防治法》明确规定传染病的范围、分类以及对不同级别的传染病采取不同的管理、防控办法。例如鼠疫、霍乱之类具有高度传染性危险的疾病属于甲类传染病，采取最严格的甲类管理办法；非典之类的传染病属于乙类传染病，一般采用乙类管理办法，但在高发期可以采用甲类管理办法防控。新冠肺炎属于新出现的传染病，法律虽然没有规定，但我们可以参照非典，将之列入乙类传染病范畴，疫情暴发期间采用最高规格的甲类管理办法进行防控。

其次规定了疫情期间各级人民政府、单位、个人的权利与义务。《中华人民共和国传染病防治法》要求疾病预防控制机构、医疗机构有义务针对传染病采取调查、检验、采集样本、隔离治疗等防控措施；有义务如实提供有关情况，任何单位和个人发现患者或者疑似患者应当及时向疾病预防控制机构或者医疗机构报告。《突发公共卫生事件应急条例》不仅将重大传染病疫情列入突发公共卫生事件的范围，而且授权突发事件发生地人民政府有权采取各项应急处置措施，做好应急救援工作。包括采取各种隔离措施；限制群体性活动；停工、停业、停课；封存相关食品、物品；封闭相关场所；严惩哄抬物价、扰乱社会秩序的行为等。各单位、个人都应该服从人民政府的指挥与安排，配合政府采取的应急处置措施，协助维护社会秩序。对于进出境的人和物，《中华人民共和国国境卫生检疫法实施细则》有特别规定：经卫生检疫机关检疫并许可的人、物，才能入境或者出境；发现患者立即采取隔离等相应的措施，防止疫情扩散。《中华人民共和国铁路法》《中华人民共和国国内水路运输管理条例》等均规定要优先运送突发事件所需的物资、设备、应急救援人员和受到突发事件危害的人员，为疫情防控提供有力的后勤保障。

最后依法严惩疫情期间违反法律、法规的单位或个人以及政府工作人员。例如拒绝接受检疫、抵制卫生监督，拒不接受卫生处理的人，依据法律规定给以警告或者罚款处罚；编造并传播虚假信息或者明知虚假信息而传播的，责令改正，给予警告；造成严重后果的，依法停业或者吊销其执业许可证；依法处分负有直接责任的国家工作人员；构成违反治安管理行为的，由公安机关依法给予处罚；构成犯罪的，依法最高可判处七年以下有期徒刑。对于疫情期间哄抬物价，扰乱市场经济秩序的单位和个人，按照《中华人民共和国价格法》的规定予以重罚；对于不恪尽职守的国家工作人员予以降职、撤职的处分。

二、积极参与法律实践是强化大学生法治思维的重要途径

古人云："读万卷书，行万里路"；"知行合一"。任何抽象理论的学习离不开具体实践，实践是强化理论学习效果的最有效方式。同样，法律思维是一种理性思维方式，只有在法律实践中反复印证、强化，才能体会到这种思维的奥妙，领悟其中的诀窍。因此大学生应该积极参加各种法律活动，在日常生活中注重讲证据、讲程序，反复运用法

律知识和法律方法分析、解决问题，才能在潜移默化、润物无声中逐渐养成法治思维的习惯。

最初的法律实践是多看，看别人如何解决问题，以后自己遇到类似的问题可以照搬解决办法；其次是想一想有没有更好的解决办法，特别是有几种方法可供选择时，权衡、对比，选择其中最有效、最合适的解决办法；再次就是参与矛盾、问题的解决，"是骡子是马，拉出来遛遛"，自己想出来的办法行不行还是要接受实践的验证。只有不断地琢磨、探索、尝试寻找解决矛盾纠纷的方法，才能逐渐积累经验与教训，以后遇到问题才不会慌张，处理问题才能游刃有余。因此对于大学生而言，参与法治思维实践最常用的方法就是多看、倾听、多读书、会思考、积极参与法治实践。

（一）多看

看，是我们最常用的方法，就是利用自己的眼睛观察周围的人、观察周围的世界。用自己的眼睛观察，好处在于能直接获得原始资料，而且获得的原始资料翔实、生动，能看到无法用语言描述的细节；特别是带着目的、有计划的连续观察，能让大学生获得最真实、生动的生活素材、人生体验。对于大学生而言，多看书，能开阔心胸，提高自己的精神境界；多看报纸、杂志，能扩宽自己的视野与眼界；多关注时事热点新闻，能把握社会变化，跟上时代的发展，尤其是法律影视片、法治纪录片、专题片，强烈吸引充满着好奇、冒险精神的年轻大学生。2012年，中南大学徐海老师根据日本悬疑、侦探动画片《名侦探柯南》开设了一门公选课《名侦探柯南与化学探秘》，一经推出，瞬间成为该校网红课程，学生必须"秒杀"才有可能选上。徐海老师从小就是柯南迷，看了600多集《名侦探柯南》之后，灵感突现，决定结合自己的专业，向全校开设公选课《名侦探柯南与化学探秘》。他计划按照《名侦探柯南》中的部分剧情结合化学元素安排教学内容；抢课的学生很多也是冲着"柯南"去的。可见法律素材的影视片、动漫作品对大学生的巨大影响。

（二）倾听

倾听，不仅仅是一种了解别人内心真实想法的有效方式，也是一种与人交往的智慧，更是提升实践能力的好方法。例如，把问题交给专业的人，听听专业人员的分析与建议，给自己更多选择的机会；或者站在对方的角度看问题，避免主观臆断等。善于倾听的人不仅能给他人提供一个缓解压力、稳定情绪的港湾，更容易冷静看待问题，理智分析问题；而且自己也能在倾听的过程中，摸清自己以及别人内心的真实意图，想到更合适的办法应对不同的人、解决不同的问题。学会倾听是大学生成熟的标志，善于听取别人的意见，学会反思，才能更好地提高自己各方面能力，尤其是高效、便捷解决矛盾、纠纷的能力。法治思维支配之下的倾听与一般倾听不一样的地方在于：带着法律的思想倾听他人内心真实的声音，用法律的眼光看待问题、从法律的角度分析问题，最后从浩如烟海的法律的规定中找到切实可行的解决方案。换句话说，在他人遇到困难的时候，有法治思维的人不仅仅充当的是他人内心郁闷情绪的发泄口，更应当成为帮助他人解决实际问题的良师益友。

（三）多阅读

为了避免公众误读，法律条文必须言简意赅，法言法语必须准确，因而遇到法条规定比较晦涩、难懂时，只有阅读能力强的人，才能准确理解法律规定的内涵。因此为了真正读懂法条，大学生应该提高阅读能力。提高阅读能力的途径只有一个——多读书，读经典，日积月累才能提高阅读能力。喜爱阅读的人，因为词汇量丰富，所以往往拥有强大的表达能力；语言表述越清晰，思维、思路就越清楚，就能更准确地陈述事实、分析问题，找到问题关键所在，因此能更快、更好地解决问题。

（四）会思考

巴尔扎克说，一个会思考的人，才真是一个力量无边的人。一生之中我们总会遇到各种各样的困难，而人是有思想的独立个体，在困难面前，有的人首先想到的是依靠他人来解决；有的人恰恰相反，他会想方设法独立解决。显然后者才是巴尔扎克所说的"力量无边的人"。

首先要勤于思考。遇到问题首先要想一想问题可能产生的原因、存在哪些可以解决问题的办法、各种办法可能带来的后果及权衡各种可能后果后再做出选择等。一旦养成了爱思考的习惯，就会把思考当成一种快乐，越想越爱想。勤于思考会使我们的大脑经常保持警惕，不易冲动，有利于问题的理性处理。

其次是敢于思考。就是要重新审视、评判现有的认知、经验、做法，指出其存在的缺点、弊端，提出新的思路或更好的办法。我们的日常学习、工作、生活中有很多规律可以遵循，只要善于总结，往往可以得到更便捷、高效的经验与方法。但是长此以往很容易形成惯性思维，也就是思维定式。一旦掉进思维定式里，容易因循守旧，故步自封。而突破思维定式最好的方法就是敢于思考，逆向思维，多角度看问题。

最后是善于思考。每个人让自己变得善于思考的方法很多，但都离不开以下三个方面：一是拥有多角度、跨学科的广博知识；二是高效的学习方法；三是快速分析、归纳、判断能力。广博的知识体系是善于思考的物质基础；高效的学习方法是善于思考的助推器；快速分析、归纳、判断能力是善于思考的结果。因此，大学生可以从这三方面培养自己善于思考的能力，尤其是法律常识的学习与积累，日积月累、厚积薄发，一旦面对突发问题，可以做到从容不迫、游刃有余。

（五）积极参与法治实践

实践是检验真理的唯一标准。理论学习的好坏，往往需要实践加以检验；实践中遇到的问题能真实地映射出理论学习中存在的缺漏。大学生不能纸上谈兵，还应该学会如何"讲证据、讲程序"，也就是要学会如何用法。只有学会把纸面上的法律规定运用到日常生活中去解决问题，大学生才能感受法治的力量，才能感受到培养法治思维的重要。

1. 追踪社会热点

社会热点是指国内外公众普遍关注、关心的社会现象、重大事件。通过互联网、报纸、新闻等方式追踪社会热点，一方面有助于大学生开阔眼界、增长知识；另一方面有助于大学生理论联系实际，能更深刻地了解社会。同时多方位、多角度对社会热点的解读，更能提高大学生对问题的分析、判断能力，理性看待社会、看待问题，有利于大学生法治思维的形成。

2. 参加政府组织的听证会

行政机关为了进一步保证决策的正当性与合理性，一般在做出影响群众利益的决策之前（例如：水、电、煤气涨价等影响老百姓衣食住行等问题），往往会组织召开听证会，听取普通老百姓的意见和看法。只要符合报名条件，按照政府发布的公告中指定时间、地点，带上自己的身份证就可以参加听证会。参加政府主办的听证会，一方面有利于提高大学生参与公共管理的热情与信心，锻炼大学生参与决策的能力，增强主人翁意识和政治责任感；另一方面促进大学生对政府决策的学习与理解，提高大学生自觉履行政府决策的自觉性与积极性。

3. 参加法院旁听

为了让普通民众了解法院审理案件的过程，同时也为了增加法院审理案件的透明度，体现司法公平、公正，法律允许符合条件的公民按照法律程序到法院旁听。法院旁听，不仅可以看到法院审理案件的整个过程，还能够从双方当事人在法庭调查、法庭辩论的法庭对抗中，发现案件事实真相，判断双方当事人是非曲直。因此法庭旁听对于大学生们来说不仅仅是一次现场普法教育，更多的是法治思维的进一步强化与提升；不仅可以让大学生理论联系实际，强化理论学习的效果，而且通过法庭审理过程中双方当事人"摆事实、讲道理"，能让大学生意识到讲证据、讲程序的重要性。一方面使大学生遇到问题时知道如何收集证据，应该收集什么样的证据，以便关键时刻能"讲证据"；另一方面使大学生知道如何"讲程序"，按照法律规定的方式方法，一步一步说清楚事实，讲清楚道理，从而理性处理矛盾与纠纷。

4. 参与日常生活矛盾、纠纷的调处

当下的大学生主要是00后，多为独生子女。父母对待自己唯一的子女，总是情不自禁，喜欢越俎代庖，在问题的萌芽阶段就已经替子女解决好了，根本不需要子女动脑筋、想办法；中小学教育因为注重升学率，几乎以应试教育为主，不重视法治教育，很多中小学生的主要精力基本放在考试课程的学习上，很少注重法治思维的培养。例如

赫赫有名的衡水中学、毛坦厂中学的学生为了考上好大学，跑步上食堂、吃饭五分钟，醒着就是上课、看书、刷题，哪来的时间学习不在高考范围的内容？因此不少学生进大学之前，缺乏独自处理问题的经验，自理能力比较差。大学生不可能一直生活在单纯的世界中，总有一天要面对社会，面对问题，因此应该尽早学会处理生活中可能遇到的困难与问题。

三、守法是培养大学生法治思维的根本要求

法律底线是法律许可的范围。在法律许可的范围内，公民享有平等、自由等权利，反之公民可以行使自由与权利，但绝不能超越法律允许的范围，否则公民的权利与自由将会被依法剥夺或者依法限制。法律红线指法律禁止性的规定，也就是不允许公民从事的行为，如果公民做了法律禁止从事的行为，要接受法律的惩罚。因此每一个公民要牢记法律的底线不可突破、法律的红线不可逾越。大学生应该坚持从自身做起，从身边的一点一滴做起，养成牢牢守住法律底线，绝不逾越法律红线的守法习惯。

（一）守法可以避免个人违法犯罪

例如，2001 年 10 月 9 日晚上 7 点，西安某大学学生孙某在学校附近捡到了一个包，里面装有 3 万多元的现金和 200 多万元增值税发票。他通过包里面的名片联系到了失主，将包完璧归赵。失主非常感动，失主的单位奖励了孙某 3000 元以表扬他拾金不昧的精神①。孙某收了

---

① 汗青. 西安一学生拾巨款及时还失主 捡 3 万不昧坦然收酬 3000 ［N］. 华商报，2001-
10-11.

3000 元的奖励，引发了激烈的争议①。从法律规定的角度来看，捡到巨款如果据为己有构成侵占，要承担民事法律责任；如果捡到巨款数额特别巨大（超过六万）则构成侵占罪，要承担刑事责任。因此孙某捡到巨款，无论如何都应该返还失主或者上交国家相关部门，任何时候不能据为己有，否则将面临法律的不利后果。本案例中，如果孙某捡包不归还，从数额来看，尽管不符合侵占罪的犯罪构成要件，但依法还是要承担法律责任。现在孙某主动将捡到的包归还失主，避免自己犯罪的同时还得到了 3000 元的褒奖，充分体现了培养大学生法治思维的必要性与重要性。

（二）守法可以鼓励个人敢于与违法犯罪做斗争

守法包括消极守法与积极守法。前者只要不违反法律的规定就行；后者不仅要不违反法律的规定，还要敢于与违法犯罪做斗争，维护国家、社会、个人权益不被侵犯。大多数人的观念中，不多事、不惹事，奉公守法就行。但是对于大学生而言，光自己不违法犯罪还不够，还应当敢于与违法犯罪行为做斗争。

例如 2011 年 10 月 24 日晚上 8 点左右，高中生王某放学回家的路上发现有人跟踪，当时周围没有其他的行人。她一边加快回家的步伐，一边给父亲打电话，告诉父亲自己遇到了麻烦。王某电话还没有打完，就被尾随而来的男子扑倒，手机脱了手，人也被该男子拖进路边的棉花地，试图强奸。王某一边大声呼救一边拼命反抗，并且想办法拖延时间。她跟试图侵犯自己的男子讲道理："谁都有父母、亲人和朋友，

---

① 有的人认为孙某不应该收这 3000 元，因为与拾金不昧、做好事不留名的传统美德不相符；有的人认为应该收，这是对拾金不昧行为的肯定与激励，会促使更多的人拾金不昧。

做这样的事，不但自己丢人，家人和朋友也跟着丢人，你知道强奸是多严重的罪吗?""你应该知道强奸是严重的犯罪，你真要以身试法，那你就完了……"终于公路上来了一辆摩托车，听到马路上来了人，该男子害怕了，赶紧逃跑。王某找到自己的手机后赶紧拨打父亲电话，与父亲会面后，父女俩一边拨打110报案，一边发动家里的亲属顺着男子逃跑留下的痕迹追踪。当晚10点，他们就将犯罪嫌疑人张某抓获。张某承认自己想性侵王某，交代自己曾经因强奸被判处十年有期徒刑，三个月前刚刚刑满释放，靠在附近拾棉花打工谋生。①

一个普普通通的女中学生，面对突如其来的暴徒，不仅不慌张而且表现极其沉稳，除了想办法借助外力帮助自己，摆脱困境之外，还积极采取各种办法自救，包括跟对方讲道理、讲法律。尤其是对犯罪嫌疑人说的那些话，充分说明了小姑娘的法治意识是多么强烈! 不仅知道用适当的方法保护自己的人身安全，还知道用法律规定震慑犯罪分子。最终不仅为自己获救争得了宝贵的时间，而且还将暴徒绳之以法。

四、依法维权是培养大学生法治思维的主要目的

遇事找法、依法维权是法治思维养成的典型标志。从2012年上海市小城律师事务所与华东政法大学联合举办第一届开始到2018年为止，"小城杯公益之星创意诉讼大赛"一共举行了六届。从开始参与的同学很少，到近年来扩展到了苏州大学、复旦大学、江苏大学、南京大学等长三角高校，累计有1000多名大学生组队参加。如果按照每

---

① 男子欲强奸女生被其说服放弃作案 [EB/OL]. 亚心网，2011-10-31.

个参赛队有一名职业律师指导来计算，前后有近百位职业律师参与大赛，手把手教学生依法维权。发起人吴辰（上海小城律师事务所创始人之一）说："这一类案子起诉标的额不大，就一块两块几十块钱，落脚点是，要求对方改善原来的不合理状态。"① 言下之意，举办大赛的目的在于鼓励大学生关注身边容易被忽视的不公平的小事，用法律手段维护自己的合法权益。例如，参与"小城杯公益之星创意诉讼大赛"的同学曾经起诉过下载一篇7元的文献却发现至少要充值50元的中国知网；播放的映前广告占用正常播放时间的电影院；允许外人随便出入、发放色情卡片的连锁酒店；收取套餐外高额流量费的中国移动公司；没有注明食用油是"转基因"的超市；等等。

例如苏州大学学生张某，2017年5月网购某商品，选择中通快递作为物流公司。5月26日9时，张某收到苏州中通快递员首次派件通知短信，通知他11时45分—12时30分去拿快递。因为正好有事，张某在指定的时间内没有去取快递。当天13时40分，快递员再次短信告知张某，因为过了取件时间，已将张某的快递代为签收，让他不要在网上查件了。事后，张某在物流系统中查询到：快递签收时间不是实际签收时间，中通快递员事先未经收件人允许，擅自代为签收。张某认为中通快递代为签收的行为侵犯了自己的权利，要求中通快递赔礼道歉②。最终苏州中通向张某赔礼道歉。

快递代签行为在我们的日常生活中比较常见，但是认为代签行为侵权的人却不多。原因是大多数人觉得，只要快递不丢就行，代不代

---

① 张楠茜. 对抗霸王条款强制收费 千名大学生7年发起200起诉讼［EB/OL］. 搜狐网，2019-11-01.
② 上海小城律师事务所. 我是原告：小城杯公益之星创意诉讼大赛案例集［M］. 上海：复旦大学出版社，2018：231.

签无所谓。大多数人却忘了，如果快递丢了、外包装坏了该找谁。而且根据国家邮政局颁布的《快递服务邮政行业标准》的规定，快递员应当将快递交予收件人本人，由本人进行签收；如果收件人本人无法签收时，可经收件人允许，由代签人签收。快递服务人员未经许可代为签收的行为极有可能影响收件人的合法权益。例如有些商品需要收件人当面验收，如果快递服务人员未经许可代为签收，意味着收件人接收了货物，商品的购买人将会失去对物品质量、数量等问题的异议权，从而无法维护自己的合法权益。因此代签快递可能是件小事，但在小事的背后可能存在未知的矛盾与纠纷。张某质疑苏州中通公司的行为反映了张某法律意识强烈，法治思维成熟，懂得依法维权。大学生只有平时自觉遵守宪法和法律，坚持从身边日常小事做起，才能逐渐养成遇事讲法律、讲法理、讲证据、讲程序的习惯，最终养成法治思维的习惯。

五、树立法律信仰、维护法律尊严是培养大学生法治思维的真正目标

1990 年美国人特丽·斯基亚沃因为医疗事故导致脑死亡，虽然能够自主地呼吸，但是无法自主地进食，全身只能依靠一堆管子来维持生命循环，医生确诊她是"永久性的植物人"。8 年后，特丽·斯基亚沃的丈夫迈克尔·斯基亚沃实在不堪重负，认为妻子的生命不仅毫无意义而且没有尊严，于是向法院申请对妻子实施安乐死，但是该申请遭到了特丽·斯基亚沃父母的强烈反对，双方为此展开了漫长的司法诉讼①。该案从 1998 年开始到 2005 年结束，前后历时七年，在美国掀起了轩然大波，引发了美国各界关于"植物人有无生命权"的激烈讨论。这说明了法律方法作为一种管理手段在国家、社会管理中的重要作用。

（一）培养大学生法律信仰，崇尚法治

美国学者伯尔曼在《法律与宗教》一书中说：法律必须被信仰，否则它将形同虚设。法律是法治的前提与基础，培养大学生法治思维

---

① 美国女植物人结束生命抗争 被法官判定安乐死［N］. 扬子晚报，2005-03-19. 2001 年 4 月，当地法院经过慎重的讨论，终于批准了迈克尔的申请，特丽·斯基亚沃的进食管首次被依法拔去。但是两天后，另一家法院却做出了相反的判决，特丽·斯基亚沃的进食管又被重新接上。2003 年 10 月，经法院再次审理后，再次裁定批准拔掉特丽·斯基亚沃的进食管，特丽·斯基亚沃的进食管被第二次拔去。特丽的父母只好向佛罗里达州州长杰布·布什求援，希望政府能予以干涉法院的裁决。几天后佛罗里达州议会通过"特丽法案"，授权州长在特定情况下可以干预法院的判决，特丽再次被接上了进食管。迈克尔不服，上诉至佛罗里达州最高法院。2004 年 9 月州最高法院裁定，"特丽法案"违反了美国联邦宪法，再次判决可以拔去特丽的进食管。特丽的父母和布什州长不服州立最高法院的判决，依法向美国联邦最高法院提起上诉，但是美国联邦最高法院拒绝受理。案件引发了美国国内各界的争论。针对是否应该拔掉特丽·斯基亚沃食管的行为展开了热烈的讨论。汤姆·迪莱（时任美国国会众议院多数党领袖）说，特丽·斯基亚沃还活着，就像你我一样活着，我们有保护她的道德义务，拔掉她的进食管是一种野蛮行为；美国总统小布什也认为让特丽活下去是最好的选择。甚至在得知皮内拉斯巡回法庭裁决 2005 年 3 月 18 日拔掉特丽进食管的消息后，一方面美国国会参众两院委员会发出传票，要求特丽、其丈夫迈克尔以及特丽的护理人于 2005 年 3 月 25 日和 28 日出席听证会。这实际上是一种变相要求法院延长特丽的生存时间至少到 28 日的做法。另一方面在特丽的进食管拔掉两天后的 3 月 21 日，美参众两院通过紧急法案，并在一个小时内火速送交总统布什签署生效。紧急法案的内容包括中止佛州法院的"拔管"判决；将此案交由联邦法院接管审理。但是就在同一天晚些时候，美国联邦最高法院皮内拉斯巡回法庭法官乔治·格里尔驳回众议院律师关于延长特丽生命的要求，判定必须拔去她的进食管。乔治·格里尔的理由是："我认为，没有任何理由让人信服，国会委员会应该介入此事。"他在电话会议中对众议院律师说，国会在最后一刻采取的行动不能使法庭早已做出的裁决作废。在成为永久性植物人 15 年之后，拔掉进食管 13 天后的 2005 年 3 月 31 日，特丽死亡。

的真正目的是在大学生心中树立对法律的信仰，任何时候大学生都应该敢于依法维权，相信法律能伸张正义、制裁违法犯罪，维护社会公平、公正。

2016 年 12 月 11 日，华东政法大学学生张某网购了一张由牡丹江到密山的火车票。当日，在松江南站人工取票时，被火车站收取了 5 元的异地取票费。张某问及收费原因，售票员说人工取异地票收费 5 元。然而，网上购票的网站并没有关于异地取票需要收费的相关条款和说明。张某觉得火车站不应该收取 5 元钱的人工异地取票费。因为根据 1999 年《中华人民共和国合同法》一百三十五条①的规定，合同成立之后，出卖人应当向买受人交付标的物。网络购买了火车票，出卖人就应当按照合同的约定将车票交付给买受方。现在出卖方要求买受方另外支付 5 元取票费，否则拒绝履行交付车票的义务，属于单方更改合同约定的行为，是违约行为，因此火车站应该返还多收的 5 元钱。为此，张某将上海铁路局告上了上海铁路运输法院②。尽管张某最终败诉，但是火车站收取异地取票费的做法引发了社会公众的广泛讨论。2017 年年底，中国铁路总公司颁布《中国铁路总公司关于取消铁路异地售票手续费的通知》，决定从 2017 年 10 月 1 日起取消铁路异地票售票手续费。从此全国各个火车站售票窗口不再加收每张 5 元的异地票售票手续费。虽然 5 元对大多数人而言不算什么，但是反映了一个普通公民对于自我权利的维护，对法治社会的憧憬，对法律信仰的诠释，对法律尊严的维护。

---

① 《中华人民共和国合同法》第一百三十五条规定：出卖人应该履行向买受人交付标的物或者提取交付标的物的单证，并转移标的物所有权的义务。

② 上海小城律师事务所. 我是原告：小城杯公益之星创意诉讼大赛案例集 [M]. 上海：复旦大学出版社，2018：25.

（二）敢于依法监督，维护法律的尊严

监督法律实施过程中的各种违反法律的情况，例如监督国家机关及其工作人员的行为，对各种不法行为提出批评、建议、申诉、控告、检举等，都是维护法律尊严的最佳途径。2018年4月，浙江余姚市检察院未成年人案件检察部成立了全国第一家校园自主法治监督工作室——"姚·蓝"工作室，聘任了余姚市职业技术学校12名本校学生担任首批校园法制监督员①。工作室成立后，开展了一系列法治宣传工作。工作室通过一个个活生生的案例，教育大学生不仅自己要遵纪守法，还要敢于监督任何违法犯罪的单位与个人，勇于与一切违法犯罪行为做斗争，努力维护法律的尊严，维护社会主义法治。

---

① 屠春技，陈朝旺. 宁波余姚：聘任首批校园法制监督员［EB/OL］. 正义网，2018-04-10.

参考文献

一、期刊

1. 张金明. 两课教学中大学生法治思维的培养 [J]. 高等农业教育, 2005 (10).

2. 蒋小燕. "思想道德修养与法律基础"课中学生法治素养培育探索 [J]. 学校党建与思想教育, 2019 (14).

3. 蔡晓卫. 论高校大学生法治思维的养成 [J]. 中国高教研究, 2014 (3).

4. 姜明安. 再论法治、法治思维与法律手段 [J]. 湖南社会科学, 2012 (10).

5. 高国梁. 法治思维的承载主体与实现路径分析 [J]. 常州大学学报 (社会科学版), 2014 (10).

6. 陈可. 提高领导干部运用法治思维和法治方式能力解析 [J]. 山东行政学院学报, 2013 (6).

7. 王祯军. 论法治思维在维稳中的意义、向度及形成 [J]. 法治研究, 2013 (8).

8. 李瑜青, 张建. 法律思维内涵与特征再思考 [J]. 东方法学,

2012（5）.

9. 刘治斌. 法律思维：一种职业主义的视角［J］. 法律科学（西北政法学院学报），2007（5）.

10. 魏丽婷. 大学生法治意识及教育途径探析［J］. 思想政治教育研究，2010（2）.

11. 张旭新. 当代大学生道德教育的困境与反思［J］. 思想教育研究，2013（4）.

12. 黄文艺. 论大学生法律思维方式之培养［J］. 思想理论教育导刊，2006（10）.

13. 顾丹颖. 试论当代大学生法治素养的培育——以高校思想政治教育为视角［J］. 学理论，2014（4）.

14. 赵红梅. 论大学生道德教育和法治教育的融合［J］. 当代教育理论与实践，2015（7）.

15. 陈大文. 课程整合背景下大学生法制教育实效性问题初探［J］. 思想理论教育导刊，2007（5）.

16. 代明智. 论法治教育在高校学生培养中存在的问题及解决途径［J］. 经济研究导刊，2012（14）.

17. 储斌. 大学生权益保障的法治思维与法治方式浅析［J］. 南阳理工学院学报，2014（1）.

18. 杨建军. 法治思维形成的基础［J］. 法学论坛，2013（5）.

19. 孙强. 运用热点法治案件进行法治教育的反思——以"天津赵春华案"为例［J］. 思想政治课研究，2019（2）.

20. 高志华. 当代大学生法治思维培育的意义与路径［J］. 中国高等教育，2019（11）.

21. 亢震威，韩芳. 社会建设视域下当代大学生法治思维培育的三重维度 [J]. 包头职业技术学院学报，2014 (2).

22. 安调珍. 以法治思维引领教育发展——评《大学生法治教育论》[J]. 中国高校科技，2019 (10).

23. 卢野，彭钟敏. 全面依法治国与高校思修课改革——以习近平新时代中国特色社会主义政法思想的融入为视角 [J]. 四川师范大学学报（社会科学版），2019 (4).

24. 汪盛颜，江春明. 思想政治理论课培育大学生法治思维研究 [J]. 安徽工业大学学报（社会科学版），2019 (5).

25. 汪金英，张明月. 基础课中的生态文明观教育研究 [J]. 思想政治教育研究，2019 (5).

26. 郑曙光，张丰刚. 一本专业性与趣味性兼顾的法治教育教科书 [J]. 人民法治，2019 (10).

27. 夏心雨，齐久祥. 大学新生法治观念现状调查——以上海市部分高校为例 [J]. 广西青年干部学院学报，2019 (2).

28. 张文玉. 当代大学生法治信仰问题探析 [J]. 民办高等教育研究，2019 (4).

29. 李润东. 新时代大学生法治观念养成路径探析 [J]. 佳木斯职业学院学报，2019 (9).

30. 王瑜. 浅析全面依法治国背景下新时代大学生法治思维的培养路径 [J]. 中国轻工教育，2019 (6).

31. 石庆红. 对新时代女大学生宪法教育的思考 [J]. 湖北工程学院学报，2020 (1).

32. 尹欢欢. 强化高校法治教育有效性之初探 [J]. 新疆广播电视

大学学报, 2019 (4).

33. 常睿. 思政课实践教学对大学生的价值观影响分析 [J]. 课程教育研究, 2019 (52).

34. 张丽娟. 依法治国背景下高校法治教育的创新 [J]. 林区教学, 2019 (8).

35. 吕欢. 法治理念在高校思想政治教育中的应用研究 [J]. 教育现代化, 2019 (60).

36. 金子, 汤丽. 刍议新时代大学生法治素养的内涵——基于第七、第六个法治 (制) 宣传教育五年规划的比较研究 [J]. 教育现代化, 2019 (92).

37. 刘杰锋. 大学生缺少法治思维的四种表现及三种应对策略 [J]. 教育现代化, 2019 (28).

38. 刘震. 高职院校学生法治思维培育路径探究——以辅导员角度为切入点 [J]. 智库时代, 2019 (37).

39. 洪萍, 祝雅玉. 当代大学生法治思维调研报告 [J]. 管理观察, 2019 (35).

40. 万冠羽. 新时代大学生法治素养培养路径探析 [J]. 法制与社会, 2019 (22).

41. 王琦. 习近平关于全面依法治国对培养大学生法治素养的策略研究 [J]. 广西科技师范学院学报, 2019 (3).

42. 董威, 吴晓洁. 自媒体时代对大学生法治思维的影响及对策 [J]. 才智, 2019 (12).

43. 于迪. 实践育人模式下大学生法治信仰培育的探索——基于社会主义核心价值观的视角 [J]. 管理观察, 2019 (19).

44. 张健. 高职院校大学生法治教育方法浅析 [J]. 教育现代化, 2019 (55).

45. 谭趁尤, 刘静姿. "法治中国" 背景下我国高校法治教育的演进与完善 [J]. 柳州职业技术学院学报, 2019 (3).

46. 魏秋敏. 论青年大学生法治思维模式的培养 [J]. 科技资讯, 2019 (19).

47. 朱林. 地方法治文化建设中大学生法治信仰培育实现路径 [J]. 蚌埠学院学报, 2019 (3).

48. 郭丽. 法治视域下地方高校少数民族学生思想政治教育的路径探析——以 M 高校为例 [J]. 法制与社会, 2019 (15).

49. 卢日霞. 依法治国背景下西南民族地区高校大学生法治素养现状及原因分析 [J]. 西部素质教育, 2020 (7).

50. 林姿妤. 大学生思想道德与法治素质提升途径研究 [J]. 法制博览, 2020 (9).

51. 刘贝民. 依法治校背景下高校辅导员法治思维培养研究 [J]. 智库时代, 2020 (8).

52. 刘荔云. 论应用型高校法治教育质量提升策略 [J]. 湖北经济学院学报 (人文社会科学版), 2020 (2).

53. 夏赟, 李旻. 科学思维与新时代大学生网络素养培育 [J]. 理论观察, 2020 (1).

54. 范璐璐. 新时代大学生法治意识培养路径的体系化构建 [J]. 法制与社会, 2019 (36).

55. 杨君毅. 论大学生法律行为习惯的养成 [J]. 法制博览, 2019 (36).

二、学位论文

1. 刘晓阳. 学校思政课堂中法治教育一体化研究 [D]. 喀什：喀什大学，2020.

2. 王国秘. 民族地区大学生法治观念培育研究——以内蒙古自治区高校为例 [D]. 呼和浩特：内蒙古师范大学，2019.

3. 李红玲. 当代大学生法治思维培育研究 [D]. 哈尔滨：哈尔滨师范大学，2019.

4. 谢鹏飞. 大学生法治意识培养研究 [D]. 赣州：江西理工大学，2019.

5. 刘民月. 新时代大学生法治观念培育研究 [D]. 长春：东北师范大学，2019.

6. 董丽敏. 新时代大学生法律素质教育创新研究 [D]. 长沙：长沙理工大学，2019.

7. 谢慧. 新工科理念融入"思想道德修养与法律基础"课研究 [D]. 哈尔滨：哈尔滨理工大学，2019.

8. 孙月舫. 大学生法治价值观培育研究 [D]. 哈尔滨：哈尔滨理工大学，2019.

9. 孙鲜艳. "思想道德修养与法律基础"课程培育大学生法治素养研究 [D]. 广州：暨南大学，2018.

10. 叶晨. 全面依法治国背景下大学生法治思维的养成路径研究 [D]. 西安：西安石油大学，2018.

11. 赵凯. 自媒体对大学生法治教育的影响及对策研究 [D]. 成都：西南石油大学，2018.

12. 董津津. 当代大学生法治思维培育研究［D］. 漳州：闽南师范大学，2018.

13. 刘志超. 广西高校大学生法治观现状调查分析与对策研究［D］. 桂林：广西师范大学，2018.

14. 方慧通. 养成教育视域下学校法治教育路径研究［D］. 合肥：安徽农业大学，2018.

15. 张晓敏. 大学生法治素养研究［D］. 长春：东北师范大学，2018.

16. 王庆宇. 大学生法治思维培育的研究［D］. 长春：吉林大学，2017.

17. 刘斯川. 大学生法治思维培养研究［D］. 大连：大连海事大学，2017.

18. 赵红梅. 当代大学生法治思维培育路径研究［D］. 成都：西南石油大学，2017.

三、专著

1. 刘锐. 领导干部法治思维十讲［M］. 北京：中国法制出版社，2015.

2. 莫纪宏，赵波. 领导干部法治思维和法治方式读本：以案释法版［M］. 北京：中国民主法制出版社，2016.

3. 中共宁夏区委党校，宁夏社会科学院，宁夏依法治区协调小组办公室，等. 权依法使：提高领导干部法治思维和依法办事能力读本［M］. 银川：宁夏人民出版社，2016.

后 记

　　当我写完本书的最后一个句号之后，我长长舒了口气。自2017年课题立项以来，我始终处于心浮气躁的状态。各方面的原因都有，主要原因是如何定位这本书的写作层次、写作角度与写作内容。我的初衷不是把它写成晦涩难懂的法学类专著，也不想步大多数普法类书籍的后尘——泛泛而谈、面面俱到。几番斟酌之后，我决定采用法学专著的写作角度，同时兼顾普法类书籍通俗易懂的优点，采用大量的经典案例、判决与事例，以求达到理论与实践的结合，实现比法学专业类书籍内容更浅显易懂，又相比一般普法类书籍的理论性要深一点的写作目的；既能全面、系统地写清楚法治思维的具体要求，又能达到通俗易懂，满足普通读者轻松阅读的要求。

　　本书的第三章由颜三忠教授撰写。他既是我的领导，也是我进入教学、科研领域的引路人，还是我的爱人。我每一篇公开发表的论文以及主持、完成的每一个课题都离不开他的批评与指正。

　　这本书也是我们全家三口并肩作战的历史见证。2017年正值女儿中考，兼顾工作与家长职责的我，一边要尽父母应尽的责任，一边思考教学科研领域的新突破。因缘际会，幸运地申请到了2017年教育部高校示范马克思主义学院和优秀教学科研团队建设项目"思政课教学中大学生法治思维培养路径研究"（编号17JDSZK073），开始了新领域的探索与思考。2020年是一个极其特别的年份，全球面临新冠肺炎疫情的威胁。新冠肺炎肆虐期间，党中央、国务院号召大家齐心协力"战役"，提倡居家隔离。2020年也是我的女儿高考年。我和颜教授在家写作、做科研、上网课；她在家上网课、备战高考，因此本书见证了我们仨共同奋斗、激情燃烧的岁月！

谨以本书纪念我们仨共同战斗的日子！

作者

2020年8月